CHRISTOPHER HANSARD

克里斯托弗·漢沙德——著

譯——何定照

西藏正念書

THE TIBETAN ART OF POSITIVE THINKING

Skilful Thought for Successful Living

推薦序

西藏文化的基本元素──本波

陳又新

當人們開始接觸到西藏的時候，首先會被她的高海拔地理環境所吸引，接著便是進一步想知道在崇山峻嶺裡的人文情況到底如何，這也是西藏文化令人好奇嚮往的地方。在地廣人稀、氣候惡劣與生存條件備受威脅的環境裡生存的人，對不可知的大自然現象產生敬畏，以及對生命脆弱的無力感，精神上的寄託顯得非常重要；因此，青康藏高原的宗教活動極為活躍，從遠古的傳說、信仰到宗教氛圍瀰漫，宗教信仰對生活在西藏的人來說是生活的一部分，人的一生都受到它的影響。人類從對大自然的敬畏到產生泛靈信仰，幾乎是所有人類初民社會的共同特性，亞洲大陸也不例外，如中國古代的巫、覡，以及今日台灣民間信仰都與泛靈信仰息息相關。由於居住區域與生活環境的不同，各自形成了具有本土特色的信仰。最早在西藏流傳的本土信仰，稱為本波（Bön po），是屬於對天、地，以及個人的泛靈信仰，主其事者往往成為部落或社會的代言人，他們對整個西藏初民社會極具影響力；直到第七世紀，外來的佛教傳入之後，經過激烈的競爭後而互相滲透。十世紀時，本波信仰也跟佛教一樣，重新組織成為西藏唯一的本土宗教──本教。但是，佛教挾著在西藏盛行的氣勢，本教面臨來自佛教排山倒海的壓力，漸被擠出西藏主流文化之外，導致後人常以佛教的觀點來認識西藏文化，因而較難看到她的全貌。

西藏文化悠久流長，本波的信仰也隨之成長茁壯，在西藏的初民社會裡，部落文化主要在三個地區：一、以藏北高原為中心，包括部分西藏中部地區的游牧性質文化。二、分布於雅魯藏布江中、下游流域和藏東峽谷區帶有農耕性質的文化。三、喜馬拉雅山脈一帶，在這一帶水草豐美的區域，初民以粗放農、牧維生，孕育了西藏古代象雄部落文明，它起步甚早，有自己的文字與信仰，在以象雄文明為中心的觀點裡，今日的阿里、拉達克一帶是內象雄，衛藏等地為中象雄，青海、康區為外象雄，完全有別於雅礱江流域文明以衛藏為中心的西藏地理分區敘述。西藏文化以這三區為基地分別開展，本波是她們的共同信仰，它是屬於原始的泛靈信仰。

西藏的原始神靈大致可以分成三組：一、屬於地下的龍神、人間的年神、天上的贊神。龍神：泛指在地下活動的神靈，祂的演變可分早、中、晚三期；早期的龍神形象模糊，居住地也極紛雜；中期則有區域與能力的分工；晚期：形體單一化，提高成為至高無上的神靈家族。年神：是一種在山嶺、溝谷中遊蕩，以石縫或森林安家的神，居於天者稱為白年神，如：日、月、星、雲、虹。居於地者為黑年神，如：山、岩、林、湖、海、水。祂們都具有精怪、山神性等的變化特性。贊神：是住在天空的神靈，祂常以野獸或三頭六臂的凶惡形象出現。二、屬於個人活動範圍內的神靈。包括：具有與龍神、年神等神靈具體形象的有關掌管土地特質的土主。沒具體形象、固定神位，和特定的活動場所，主要職責是保護家庭平安、發財致富的家神；以及與廚房有關的灶神或帳篷神，如做飯、升火等的神靈。三、同時存在於人體的兩個神。類似魂魄的觀念，在人的肩、頭上的燈的陽神，以及專屬於個人的保護神，保護身體各不同部位的戰神。如同所有的宗教一樣，本波信仰的原始神靈經過組織化之後，也有自己的共同教主：祆饒米沃（gShan rab mi bo）。其次，有稱為最初四尊的祆饒米沃、薩智艾桑、辛拉俄格爾、桑波奔赤，與賽喀五神：背賽恩巴、拉部托巴、卓卻卡迥、格措、金剛橛；其餘的有屬於天神系統的吐蕃贊普系統，屬於日、月、星辰系統的曜神，以及象徵生命、福運的箭神。

屬於西藏文化基本元素的本土原始信仰——本波信仰的發展，大約分為三個時期：一、篤本（因本）：本土興起的原始本波信仰，它從吐蕃的第一位贊普聶赤贊普後過六世至赤德贊普，由祆饒米沃開始傳播信仰，至拉脫脫日念贊贊普，凡二十六代均以本波治理王政。二、迦本：在篤本時期，本波的能力仍無法超薦凶煞，直到止貢贊普時在位時，分別從喀什米爾、勃律、象雄等地請來本波協助超薦凶煞，使西藏本土的本波信仰加入了中亞地區傳入的信仰元素，有了黑白、善惡等二元論的思想。三、局本（果本）：開始進行有規模地制訂自己的經典與宗教儀軌，已經脫離信仰的階段，成為一個有組織的宗教形態，也是今天所稱的本教。然而，這一段期間裡，它的發展面臨外來宗教——佛教的挑戰，因而又分三期的發展：（1）早期發展：由本波的學者綠裙班支達開始收徒傳授經典，廣為流傳。（2）中期發展：正當支持佛教的赤松德贊在位時，由傑威絳曲整理並制訂經典，但為贊普所禁，所有本波經典密藏於山岩水間，成為以後本教伏藏法的來源。（3）晚期發展：相當於藏傳佛教的後弘時期，由祆古魯迦在達域卓拉重新編制經典，並掘出伏藏法多種，也有了屬於自己的傳教基地、師徒傳承以及信徒。

本教的思想信仰以及觀念早融入於西藏的傳統文化裡，傳統的西藏人生活中到處都可以見到它的影響；但是，由於佛教長期在西藏居於獨占的地位，本教信仰被邊緣化，無法突顯它的特性；一直到今天，當在與藏傳佛教相互對比之下，本教的理論與方法顯得較少為世人所知。事實上，本教有自己傳法的教主、經典、儀軌與弘法的根據地，它也是透過師徒代代相傳，維持本教傳承的延續。除了公開傳授的本教經典理論之外，尤其是相關修行法門的傳授一定需要透過有傳承資格與修行經驗的師父指導，才能如理如法地去驗證；反之，若任由自己無師自通，除了個人身心的損失之外，也會讓具有西藏本土文化養分的本教遭到曲解。

本文作者爲南華大學宗教學研究所兼任教師

目次 Contents

在西方，沒人會期待工作本身能有讓人享受的樂趣。工作不過是一種手段，好獲取金錢或權力、地位等目的。工作通常不是那種能引發榮耀感、福祉與自尊的活動。本教對工作的觀念相當不同。傳統本教認為，工作應該是家庭或團體的延伸，在其中，每個人都貢獻所有的技能，以支持團體。工作的本質乃是與他人互動，並透過互動提升活力，藉以獲益。只為了物質報酬而工作的想法，在本教中從不存在。

錢的心念能量，意味著吸引錢財近身的能力，以及懷著智慧及寬大心胸使用它的能力；意味著知道對自己來說，有多少錢就夠；意味著懂得不管是貧是富，都不用錢來定義自己。在本教的觀點裡，切忌用自私或不顧他人的方法取得金錢；否則你很快會失去這些錢，或因錢帶來不幸。不變的黃金定律是：錢一定得用在眾人的較大利益，取得時也務須顧及眾人之利。

本教認為，關係的基礎在於分享心念能量。彼此關係越強（不管是愛是恨），雙方所分享的心念能量就越強。關係的關鍵，在於發展個人心念能量，因為藉由這樣的發展，我們才能學會經營關係的技巧，並認清他人對我們的心念能量的本質。修持心念後的能量，能幫助我們正確選擇與誰連結，也有益我們經營、強化自己想要的關係。換句話說，關係的本質，是以我們的心念為基礎。

第六章　愛的力量　191

愛這種巨大的心念能量，對人類種族的發展、演化與延續極為關鍵，是一種宇宙性的、眾生都能全面了解的心念能量。愛的心念能量教導我們：我們能克服一切；我們很優秀；我們能超越自己的錯誤；我們所受過的傷與痛苦，都能引導更深刻的內在幸福。

第七章　身心安康　229

如果生命中各種基本要素沒能平衡，就會導致壓力、病痛與不快。對自己不好、用各種方式虐待身體、做自己不喜歡的工作、身處一段不快樂的關係或吃得不適當，都會嚴重影響健康。因此，身體健康與否，表示你有沒有為自己的身心安康負責。與其生了病再找醫師治病，最好一開始就避免生病。若你還是病了，就得了解自己所需，才能好起來。

序言

心火

對修習本教（Bön）[1]的古西藏修行者來說，兼具心靈與宗教性的本教所強調的正念（positive thinking），是一種需要學習且時時實踐的方法，好幫助我們創造豐富完滿的生命。

本教認為，心念（thought）能量的修持運用，乃是增強我們力量的關鍵。為了要洞悟與蛻變，心念能量本身會創造出本教所說的「心火」（fire in the heart），這是心念能量在透過情緒、意向與行動的修持運用後，所萃煉出來的精華。藉著心火的力量，我們每天都能創造出奇蹟。

本教修行者祈願人人都能享有本教智慧，畢竟數千年前他們發展出的道理，到今天仍與當時一樣實用有效。這就是我寫這本書的原因：在接受二十三年的訓練，認識、體悟了

1 譯註：「本」是藏文譯音，有諸多解釋，一般指可認識的一切所知名詞，特指耳聞或聽到的。也有念誦、讀、重複、叫喊之意。

這偉大學說的無上智慧後，我希望也能傳遞這知見，好幫助他人改變生活。

本教學說大多相當單純直接。不管我們是誰、住在哪裡或做什麼工作，都能從本書中習得知見，並運用在生活中，創造出正面的改變。本教的正念法則，適用於每個人生命中的重要版圖，帶來清明、洞見、成就、豐足與幸福。

在本書，我提供許多簡單實用的練習，它們都源自古本教儀式，能幫助你在生命中各種領域有所轉變。對西方人來說，這些練習有的可能很奇特陌生，但它們確實都能有力且有效地改變我們的內在，乃至我們周遭的世界。

在讀本書的過程中，你對心念的變化歷程、所謂「經修持的心念」之本質，以及如何在你生命中的每一天運用「心火」，都將有更深層的了悟。你將了知自己心念能量的無限，也會學到怎樣在本能反應與智性思考間達到平衡。這樣的平衡，乃是支持你一切言行舉止的基礎。

古本教深知，你的心念會影響你所做的任何事。這就是為什麼學習修持運用心念，就能創造嶄新的生活方式，並進一步擁有豐足的心境、心靈以及物質成就。

本教是什麼？

在中國於一九五九年占領西藏前，足足有一千兩百年的時間，西藏的主要宗教是佛教，世人也因此往往將西藏與佛教聯想在一起。

然而，早在佛教傳入前，西藏就有另一個文化性、心靈性的學說系統，也就是本教。這個傳統源自一萬七千年前，且在那段漫長的時代中，大都居於中亞和西藏的領導地位。在現代，本教不如佛教知名，但在即使已遭迫害的西藏，仍有數千人修習本教，教徒更遍布於世。

佛教是在西藏一段社會動盪不安的時期中，才取代本教的位置。主客對調後，兩個宗教彼此相安無事了好些年，然而，部分佛教徒開始迫害本教修行者。為避免流血事件擴大，本教社群只得接受部分佛教教義，並發展為後人所知的「新本教」（Reformed Bön），其信徒則稱為本波（Bön-pos）。

佛教徒與本波同樣都在追尋良善、慈悲與智慧，雙方其實並沒有什麼差異，至尊達賴喇嘛也同意本教在創造、確立與影響西藏文化中具有獨特重要性。事實上，五世達賴喇嘛就曾說過，他就本性來說是佛教徒，但就心來說則是本教徒。

在本波教派出現後，純粹的本教學說依然很活躍，被稱為阿巴本教（the Bön of the

Ngagpas），也就是我所修持的傳統。我的上師烏金・南・竹（Ürgyen Nam Chuk）是位「阿巴」（Ngagpa）[2]，具有崇高的心靈能力。他同時也精修密續瑜伽（tantric yoga），身為喇嘛（對宗教老師的尊稱），還是位精通本教醫術的醫療師。除此之外，他也是位巫師（shaman）、魔法師，不是那種藉著被神附身而得名的喜馬拉雅巫師，而是曾扎扎實實地在特殊領域內接受訓練，能真正運用魔法的巫師。像他那樣的人，可說是西藏的「梅林巫師」（the Merlin）[3]，能用神祕的魔法替人治病，也不時製造奇蹟。

阿巴一般都留著長髮，結為滿頭長辮，負責照管村落。他們主持生育及婚喪儀式、做占卜預言，也舉行一切保護、有益村落的儀式，例如祈雨、豐收大典等。同時，他們也是執法者。

烏金・南・竹屬於「南」（Nam，意指「天空」）氏族，這支氏族原本住在西伯利亞的貝加爾湖（Lake Baikal），在約一千年前到西藏定居。但其實早在那之前，他們就已定期性地移居於貝加爾湖與西藏間，因此在西藏神話及西藏社會結構中，都有他們的位置。

南氏族以精通醫術、心靈學及心靈力量而知名，對中亞與喜馬拉雅山的王族及部落

2 譯註：意指密咒師。

3 譯註：指亞瑟王（King Arthur）傳說中的魔法師、預言家。

領導人曾極具影響力。在中國入侵西藏將近三十年前，一位南氏族的長者就已預見這場浩劫，南氏族便在警告西藏領導人後，舉族離開西藏，定居在幾個印度城市，學著適應印度和西方文化。

為了延續教法，南氏族選定一些阿巴，要他們到世界不同地區旅行，去尋找能延續他們智慧與傳統的人。在本教的習俗中，延續者講求的是心靈與智力適當，並不排除異種族與異文化者。為了尋找這些被選中的候選者，阿巴得藉助一套複雜且深奧的占星學系統，好知道要去哪裡找、又要去找誰。

在我四歲時，有一天，我父母帶我到海灘度假。離去的時間快到時，我父母喚我回去，但我拒絕了。我整天都覺得會發生一件重要的事，會出現一位我一定得見的人。我父母催我趕快時，我只是看著海鷗迴旋、看人們在淺水處撿拾貝殼，故意拖延時間。

「我得待在這裡見我的老師。」我這麼告訴他們。

當我沿著沙灘緩步而行時，抬起頭便看見「那個人」就站在那裡。那就是烏金・南・竹，他微笑著，身後浮現一道彩虹。他向我父母自我介紹，說明他代表一個西藏心靈與醫學的傳統，而他們由占星得知，我很可能就是這個傳統的延續者。

可想而知，我父母當然驚訝萬分，但他們還是聽了烏金的說明，並同意再與他會面。

我父母聽過西藏信仰中心心靈導師轉世的說法，不過烏金解釋他並不把我當成轉世者，而是一個特殊能力者，這能力與本教傳統中的醫術、療癒及心靈相關。他認為我具有一種獨特而罕見的能力，但需要訓練。我並非完美無瑕或卓然出眾，也不會被鼓勵變成那樣。

經過數次會談，我父母審慎地同意，如果我真的想要，就讓烏金教我。在做了許多測驗，確定占星所得正確、我也真的適合後，烏金才展開二十三年的漫長課程。

雖然當時我才四歲大，但一開始我就很高興能受教於烏金。他的課程讓人如沐春風，又樂趣無窮。我心裡深知：這就是我註定要做的事。

我照樣去一般的西方學校，但在每天上學前、放學後及週末假日時，我會到烏金家上課。阿巴可以結婚，而且，當然是為愛結婚。烏金的妻子坦汀（Tamdin）出身於一個著名的佛師家庭，而他倆多年來一起修持宗教都相當和諧融洽，正足以說明佛教與本教有共同脈絡。由於烏金的氏族會供給他相當收入，因此在教我之外的時間，他就為需要的人提供免費的醫療服務，並為救助世上其他地區的西藏難民而奔波。

從很多方面來說，我都只是個平凡的學童。我和朋友玩，划船、爬樹，也照樣刮傷膝蓋。我常常上課上煩了，就決定落跑，但這從來沒惹惱烏金。他總是耐心地等我回去，而我也總是如此。

烏金都是用口傳的方式教我。他從不寫下任何東西，只是直接對我講解，我則得向他複述自己學到的。在我還小時，他教我簡單的法則與練習；等我稍大，過了青春期後，他便引領我邁向更深奧的知識之路，而這些知識，都以經修持的心念力量為基礎。

他會就這些知識對我做口頭測驗，並要我親身體驗他教我的一切，以確定我的心、我的身體都切實了解。他總是那麼仁慈寬容，從未發過脾氣或粗魯訓誡。本教傳統本就禁止體罰兒童，而他對我一直非常尊重。

烏金所教我的一切，乃是以十二智本（Twelve Teachings of Bön）為核心，這是本教非常古老也最早的學說類別。這套學說教我們怎樣運用自然的原初力量與心念能量，去習得心靈的平衡與洞察力。每一個學說的基礎，都在於心念與心念能量之修持運用，個個都能讓你的內在與外在世界，以及你的心、你的心念與意識蛻變。

只有上師才能傳授的十二智本，能引領學生獲致慈悲與個人統合的深奧經驗。許多教法乃至後來的「四門五庫」（Gozhi Dzonga）[4]學說，都衍生自十二智本。而所有這些教法的核心，乃是心念能量的法則，以及這能量為我們帶來的驚人威力。心念能量就存在於我們內在及外在的世界，而其威力則具改變、創造與療癒的功能。

4 譯註：或做 sGo-bzhi mdzod-lnga，亦爲本教學說經典。

在我二十七歲時，烏金對我的教育終於大功告成。然而，他在教完我所有需要學習的課程後，即遽然長逝。失去了他，我悲痛不已，在紐西蘭的皮哈娜火山（Pihanga Mountain）上的一處聖地為他舉行了上師圓寂大典。

完成四十九日夜的儀式與祈請後，我感到孤單萬分。就在這時，我看到了度母「強瑪」（Jamma, the Loving Mother）[5]在我身前起舞。她是本教偉大的慈悲女神之一，能轉換一切障礙，引領個人邁向深層的心靈發展。當我看到她，瞬時憶起烏金所教給我的一切，這給了我巨大的力量，並提醒我已身為阿巴。

我對烏金最後的告別儀式是火祭他的鼓：覆蓋以壓碎的杜松（這種植物具有淨化一切的威力），再以火焚燒。當一陣大風突然吹起，颳走鼓的灰燼，我看到烏金坐在他的鼓上，繞著西藏東南方的本日（Bon-ri）神山飛翔，向我致意。剎時只見彩虹滿天、日月並輝。

在西藏神話中，阿巴常坐在鼓上飛翔。看見烏金也這麼飛翔，我知道那表示一切都會很好。我踏上漫長的下山路，一面轉過身，向烏金最後一次致敬。

5 譯註：全名爲 Sherab Jamma。

關於我要怎麼運用所習得的知識，烏金並沒任何規定，只說應用在我看來是對的事情就好。我全無束縛、隨心所欲。我旅行了幾年，一面施行藏醫療，一面等待正道出現。最後，我來到英國，在倫敦的國王路上設立了伊甸醫療中心（Eden Medical Centre），負責藏醫療部分，與一群各有所長的醫療修行者共事至今。我們既各守正統，又能相輔相成。

我很高興能創立一處療癒之地，提供給需要身體、心靈與情緒治療的人們，但也感到還有件事等著我去做，那就是寫下我修習多年所獲得的知識，分享給所有盼望從中獲益的人。因此，我寫下我的第一本書：《西藏生活書》（*The Tibetan Art of Living*），說明一般人要怎樣把藏醫療的智慧與法則應用到日常生活，以改善健康、增進能量，並追求身心靈和諧。

相對於第一本書，《西藏正念書》可說是本教教法與信仰所有面向的基礎。善用正念能量，將更能發揮西藏療法與醫學的功能，讓這些有效而有智慧的古老法則，為你帶來所願的內在與生命的改變。這門人人都能了解、享有並受惠的正念藝術，乃是可為世間行善的巨大力量。

第一章

心念的力量

未經修持訓練的心念，影響了你的生命，讓你在不經意間，就被一個偶然的念頭或強烈的情緒，改變了未來。若你能了悟並理解是什麼樣的心念之流貫穿了你，並學會轉而控制它，就能清除讓你窒礙不前、長久煎熬你的心念，選擇能讓你身心及生命都快樂安康的心念。

每滴落下的雨，都懷著一個心念，準備從沉睡中甦醒。每片在冬天飄落的葉，每朵在春天含苞待放的花，也都各懷著無數心念的生起。心念的無限力量，存在我們身邊所有眾生、草木與萬物中。這始終貫穿著我們的心念之流，從我們初生時第一聲心跳，到臨終時最後一絲呼吸，都形塑著我們，組成了我們所有的欲望、引導潛意識的行為，還總是將我們引領到更深一層的自我認知。

心念的威力無限。藉著單純的努力及導引，你就能敞開心靈，朝向心念能量的無盡泉源。與心念能量的連結，能引導你走向深奧的精神與物質之真相，讓你心靈充實、心境舒泰、生活富足。正確的心念，能改變你自己與其他人的生命。

然而，許多人都沒察覺到這向他們敞開的豐富泉源。人們常感到無助，急著向外在世界尋找意義，卻未覺知到自己已有的絕佳潛能。他們更沒能覺察，許多他們以為是自己的念頭，其實只是對周遭環境及他人做出的本能反應罷了。這種毫無效益的、本能反應式的「念頭」，與真正自發性的「心念」，差別極大：前者經常輕而易舉地占據我們的心，後者則真正充滿能量。

未經修持訓練的心念，影響了你的生命，讓你在不經意間，就被一個偶然的念頭或強烈的情緒，改變了未來。若你能了悟並理解是什麼樣的心念之流貫穿了你，並學會轉而控制它，就能清除讓你窒礙不前、長久煎熬你的心念，選擇能讓你身心及生命都快樂安康者。

了悟怎樣控制心念，能創造巨大的個人力量。這力量能助你以慈悲之眼看世界，並讓你覺醒到存在於萬物中的心念能量。你將得以發現你生命中最深沉的意義，並將此生變成自己真正想過的人生。

掌握心念力量的能力，是古西藏人在佛教還未出現時所發展出來的。他們有許多像你我一樣的問題，而他們在本教智慧中，發現只要藉著轉變心念，就能創造出更豐富、更滿足的生命。這是本教九乘中的「恰辛乘」（the Way of the Shen of the Cha）[1]傳授的道理，而西藏正念的藝術，就是從「恰辛乘」中發展出來的，它融合了實用智慧與靈性認知，帶來幸福安樂。

今日，正念的藝術依然蓬勃於世，也還像數千年前一樣有效。我將藉著一些簡單的觀想及練習步驟，讓你學著開始體驗並控馭橫掃世間的心念巨浪，並以這份能量來全面提升個人、物質及心靈的力量。這種經過修持訓練的心念所產生的力量，能去除你的負面心念模式，改變你諸般情緒，並建構有益的、能蛻變你生命的心念之道。

1 譯註：藏語爲 phya gshen theg pa，爲本教九乘中「四因乘」中的第一乘，或稱爲占卜星乘，分爲四個部分：占星、相、儀禮、診斷。

「你就是你的心念。」

上師的聲音盤旋在夜晚的空氣中。那時我們坐在紐西蘭北島中央的皮哈娜火山之巔，俯瞰羅托波納穆湖（Lake Rotoponamu），冬日的天空已由銅青轉黑。

「心念導引所有事情。」他說。「人們以為自己懂得思考，其實是被心念推動著。我們的心念創造了我們的人生，使我們生病、快樂或成功。我們的心念能透過行為去汙染地球。心念會像天上的雲一樣聚集；好的心念招來其他好的心念，未經修持訓練的心念，則吸引到其他未經修持的心念。」

我專心聆聽他的話。那時我十四歲，已經學習本教的心念發展方式數年，也學著如何運用心念能量去護衛、療癒，並克服各種障礙。那天下午，我正準備古本教的重生（rebirth）儀式，一面因上師認為我已有資格進行這儀式而興奮不已，一面也掛慮著將進行的儀式。

我被安放在一個地下數呎的洞裡，為土壤覆蓋著，只靠一條伸到地面上的管子呼吸。在我被埋在黑暗中的十二個小時裡，我的上師正以一種特別的儀式為我蛻變身心。

我躺在黑暗中，冰冷而靜止，看到且面對自己負面的本質。在那十二個小時中，我的身心歷經了一種死亡狀態，於其中，我經驗了暗影與光輝、良善與邪惡、我人性中墮落與奮發的面向……而這些都源自心念能量。當我面對自己負面的心念時，我看到它們內部閃耀著一種光，一種清明無垢又純粹的光。

在心底深處，我感覺到心念的力量與生命的力量。在被埋在地下、與蟲相伴，在經驗古本教儀式時，我發現，真正的心念逐漸創造並重塑我們的每一部分。意識是如此深奧，而身體與個性，只不過是用來包覆它的表皮。

我上師把我掘出墓穴後，就用一種混合著西藏啤酒、水和奶的液體灑在我身上，並持杜松枝掃刷我的身體。我坐在他身邊，精疲力竭又渾身發冷，就在此時，我感到也看到一柱黑煙從體內升起，進入上師在我們面前生起的灼灼儀式之火，這是烏金上師以心靈導引我的舊意識進入火焰，好讓我重獲新生。在這樣的新生命中，我為心念所充滿，且能開始用意識聯繫所有生命，並參與它們。

此刻，我所坐的山、我俯瞰的湖以及周遭的山脈，都低沉嗡鳴起來，歌詠大地心念能量激起的澎湃伏流。

「很好，你現在聽得到這首歌了。」烏金上師輕聲說著，一面沉沉睡去。

我凝神張望四周風景，感到山脈中的心念能量正鼓動著，彷彿這些山脈都是大海激盪出來的岩石波浪。我還感受得到鄰近城鎮居民的心念，像週日下午烹煮食物的氣味那樣游移著。這些心念有的飽含愛、愉悅與歡樂，有的則悲傷、絕望、妒忌或憤怒著。它們的聲音與氣味都不同，但都有著力爭上游的生命軌跡。因此，我逐一傾聽它們，並傳遞出療癒與克服困境的力量。當我完成這一切時，星星已滿佈山頂，空氣也變得沉重寒冷。

「每個人都想要更好的生活。而更好的生活，從心開始，也從心結束。」

烏金上師的話語迴響在寂靜中。他的身體入睡了，但他的心念還活躍著。剎那間，萬物都融合為一體，化為一個持續鼓動的心念。隨後，一道明亮的光芒驟然迸現，緊接著又恢復寂靜。

這寂靜盈滿我心。當我眺望大地，我明瞭世界本身就是一個心念，而我們都是這個心念裡的一個念頭。

那晚我在山上及深刻的古本教儀式中學到的，就此改變了我對「心念」本質的認識，並在我心中引發了一種渴望：想將我所學到的，也傳遞給別人知道。不過，一般人可別嘗試我所提到的儀式，因為那只有受過特別訓練的上師才能安全無虞地舉行。若你也想洞悉心念的能量，可以透過以下的練習與觀想。

負面的心念

想駕馭心念的能量，得先了解負面心念（negative thought）的力量，並學習遠離它們。

在地球上，沒有人是孤獨的。心念能量將我們與大地、人群連結在一起，除非我們潛意識地將自己與心念能量分隔開來，才會變得孤獨寂寞。而這「分隔」的認知，正是培育負面心念的土壤。這種認知，可從我們還是胎兒時就開始醞釀，畢竟懷孕本身就是心念與其能量在物質世界的具現。如此，當我們還是胎兒時，就會遭遇負面心念，而那些最初的心念將會終身影響我們的行為。

常懷負面心念會讓你提早辭世。你的人際關係會惡化，各種問題也會接踵而來。你將失去從小處見驚喜的能力，而這又會讓你的負面性更惡化。你的生命將更趨複雜，因為負面性熱愛一切過度複雜的事物。更甚者，複雜還會將「負面性」（negativity）隱藏起來，讓它無被發現之虞。你被束縛於複雜中，以致於看不見其實是那躲起來的「負面性」在製造問題。

二十八天克服障礙

下列練習能很有效地解決任何障礙或問題。它能移除負面心念模式，代之以有力的正念。

早晚都在固定時間做這項練習。用自己覺得舒服的姿勢坐在椅子或地板上，至少練習二十五分鐘。如果你想，也可以更久一點。

本教認為若要克服障礙，最佳練習時間是早晨，而最佳開始日期，則是被視為幸運日的星期四。這樣，結束練習的日期會是星期三（行動日）。你一定要持續練習二十八天；因為這樣的時間長度，才能讓心智能量發展出一定的力量和強度，以達到真正的改變。

每次開始練習，都要將心思專注在你遇到的問題或障礙上。專注之後，想像它被火燒毀，或被一把大鐵鎚打得粉碎。當它被摧毀，隱藏在問題背後的負面心念就會顯現。不需特意找尋這些負面心念，就讓它們在你專注於打碎或燒毀問題時，自己浮上來。

這樣練習下去，你問題中所有的負面心念都會被滌清，創造出具爆發性而有力的正念能量，而這能量能排除你的問題、處理你的狀況。

結束練習時，靜坐著，感謝曾歷經的困境，以及將隨練習而來的良善事物。

記住，世界、你、你的心，都依據心念而來。你越常做以上練習，創造變化的能力也就越強，心也會益發強韌。但要記得，在結束這次練習、開始下一次的二十八天練習前，一定要至少休息七天，才有充分時間顯現出你的改變。

路易士是位音樂人，可惜他從未得到應得的工作報酬。他為知名樂團與歌手填詞曲，卻幾乎沒能博得什麼金錢或名聲。想著嗷嗷待哺的孩子、亟待付清的房租，與因經濟壓力而岌岌可危的婚姻，他絕望了。

路易士來向我求救。我教他如何透過二十八天克服障礙的練習，揚棄所有負面性與壞運氣，並創造正面能量與好運。連續二十八天，路易士每天早晚都定時靜坐，將意念專注在一個念頭上：毀棄負面性、創造生命力。這生命力能引來他應得的報酬，並創造未來的機會。

二十八天過去了，路易士的生命開始改變。過去努力的報酬源源不絕而來，人們也開始因為他的作品想到他；他變得光芒四射。他不再是別人心中的無名小卒，而是譜寫過無數成功歌曲、普獲世人讚揚的樂界才子。

直到現在，每當路易士想清明洞察某個狀況或解決問題時，他就做上述的二十八天練習。他的無助感消逝了，現在他覺得自己能力十足、信心旺盛。

在古代及歷代達賴喇嘛執政時，西藏是片暴力之地。上師以心念對戰可說司空見慣，特別是他們必須保衛王國、抵禦外侮時。雖然他們都深具心靈與宗教的影響力，他們也都很善戰。當軍隊打戰時，他們也會互相詛咒（如投射「念飛彈」〔thought missile〕），常造成殺戮、導致對方戰敗，或讓敵軍失去鬥志。一個人不論際遇如何，了知如何運用心念能量，乃是重要的生存能力。你的心念能量越強，生命力就越強，而你心靈成長的潛能也才會越強。

在另一方面，運用心念，也可達成遠距的心理及心靈療癒。現代就有些人仍擁有過去上師們的能力。例如，我就曾親眼看過烏金上師怎樣不可思議地運用心念能量的威力。

「心念能殺戮，能創造，也能療癒和護衛，」他曾經這麼開示我。後來，我們來到一個紐西蘭小鎮，看到一對男女在爭吵。男子凶暴起來，開始動手打女子。站在離那男子不遠處的上師，就傳遞出反暴力的心念能量，瞬時讓那男人住了手。

男子驚訝不置地轉身，發現自己無法繼續施暴。他知道那是我上師造成的，但他不知上師是怎麼做的、又做了什麼。他站在那裡，開始恐懼起自己的暴力，並感受到他對那女子造成的驚懼與痛苦，而她也經驗到他的狂怒。

他們上前詢問烏金上師到底發生了什麼事。上師告訴他們，各種心念如何束縛人們，暴力的心念又如何引發暴力的行動，進而破壞生活及情緒、心理的平衡。這對情侶說，他們體驗到一種寧靜平和的感受，突然渴望停止爭鬥。在體會了彼此受到的折磨後，他們終於發現一種更聰明的溝通方式，並學著更寬容地愛對方。這都歸功於烏金上師溫柔地運用心念能量，讓他們停止彼此傷害。

我也曾用同樣的方式制止暴力。那時，我看見有個男人因為女友和別的朋友說話而滿懷妒火，抽出刀來。我知道他很有可能會傷害女友或他人，便運用心念能量制止他。他驚愕地放下刀，不解暴力衝動為何突然消失得無影無蹤。

要注意的是，只有在像這樣的特殊狀況、而你又有把握能讓情況好轉時，才能用心念能量去制止別人。一般來說，除非有必要阻止傷害，否則不宜介入他人生命。

在了解西藏正念的藝術前，我們必須先檢視自己的情緒，看看情緒如何影響我們思考的方式。古西藏人相信大多數人都只是依自己的情緒或欲望行事，儘管人們堅信自己並非如此。要擁有真正的心念，進而自己掌握、導引人生，你必須先發現自己的情緒與欲望，並進一步了解它們。

情緒的本質

對大多數人來說，快樂乃是一連串行動帶來的結果或收穫，而這些行動又來自某種欲望。這種欲望也是一個心念，因為所有的欲望及情緒都是心念的一種形式。欲望及情緒就像風或浪，或是清晨／傍晚的光那樣，都有不同強度的層次與持續期間，且在消失後，仍留存著能量的軌跡。

每一種情緒或欲望，都會在你身上留下印記或效應。學習辨識出它們，你就能進一步在內心將它們收緊成一束韁繩，像駕馭駿馬拉著戰車般，讓它們為你所用。每一個印記，都含納了你的經驗中最關鍵的訊息，這些訊息有些你已從經驗中學到了，有些則被你忽視掉。想要了知心念的力量，先得知道如何運用並調和這些情緒軌跡。

發現你情緒的原點

用自己覺得舒適的姿勢坐著。盡可能伸展身體。閉上眼睛，全心感受自己的心臟。想像你的心臟開始變得柔軟，釋放出情緒能量來。剎那間，你可能會感受到萬般情緒，這時，辨識出那最強烈的情緒，將它們召喚到你身邊。像這樣一一指出每個情緒，並感謝它們。

之後，將這些情緒轉換成一種經過蛻變的、較具建設性的能量，或是一種能夠移除障礙的心念能量。舉例來說，你可以將悲傷轉換成甘心接受或衷心理解，將怨恨轉換成憐憫或笑聲；你是在以你情緒的原點作為交換物，去贖回知見的能量。

用情緒贖回（ransom）能量的構想，乃是古本教的概念，這個構想不但安全有效，而且成果立見。如果你意識到我們其實每天都要做好幾次選擇，用許多經驗去交換另一些經驗，就會覺得「贖」的概念很容易了解。在一次次選擇是否要用情緒去贖回能量中，你的判斷將越見精確。你贖得越多，情緒的原點就顯露得越清楚，知見也變得越強。釋放掉情緒，自我（ego）就會變得謙卑，當你試著了解更多自體（self）時，自我也不會出來干擾。

你會發現在每一個被贖出的情緒的核心裡，乃是愛與幽默。為什麼呢？因為每個人天生都有愛與幽默的能力。因此，當你發現自己是在自嘲與對自己更深的珍愛中做完練習，也毋須訝異。

入夜了，羅托波納穆湖的湖水圍繞著我腳踝。重生儀式已經過了兩個月。現在，由於上師正要喚醒這片湖泊的自然力，湖水變得比較平靜。依據本教信仰，由於水會儲存能量，湖泊能夠掌握周遭陸地的訊息。所有湖泊都深知周遭的歷史及行經者的心念。湖就像是一扇窗，透過它，我們能望見世界之心。

我和烏金上師站在湖邊。天已黑，風已停，湖水也慢慢死寂。烏金上師開始對湖唱咒，好喚醒它的心念能量。當我看著湖時，它真的變成了一扇映照世界的窗。

有人輕拍我肩膀。那是一位毛利長者（Maori Elder），就是他們同意我上師用這處湖泊及山巒來訓練我的。此時，他笑著對我說：「你看到了什麼？」

「我看到了一切！」我說。

烏金上師和這位長者微笑離開了，留下我凝視這個星球的萬般心念。我先看到遙遠的過去，接著是現在，然後是人類各種可能的未來；有時我不禁泫然落淚。當湖與我合一時，我凝視著自己，發現我漂浮在銀色的水中，而烏金上師和他的毛利朋友正在一層朦朧的霧靄外凝視著我，就像是有面布簾隔開了我所在的世界和他們的世界。

我的萬念開始成形歸類，它們有的歡愉，有的驚懼，我感到自己又死了一遍。羅托波納穆湖幻化成一種宇宙性的心念能量，地球則變成一座遙遠的島。靈魂之河像彗星趕赴其重生之路般，從我身邊飛縱而過，而我則被那也含納著我的心念能量，帶入一種從未經歷過的存在。接下來，有隻手就像是穿過一層膜那樣穿過布簾，將我拉回岸邊。我看到了星星，但這回它們不再只是遙遠冰冷的光點；現在它們各有身分和聲音，個個都是沿著各自軌道前行的心念。

忽然，我喉頭被注入濃郁的即溶咖啡，嘴裡也被塞進番薯。「別餓著肚子凝視宇宙。」毛利長者說。這證實了我的發現：飢餓時，不可能保持全神貫注。

烏金上師咕噥著表示同意。

羅托波納穆湖看著我。

我也回望它。

直到現在，不管到哪去，這片湖都在我心中。因為所有湖和山其實都完全相同，都教導我們心念不滅的本質，以及心念的能量。

心念汙染

你是否曾有走進某間室內便感到很不舒服，或被什麼壓倒的經驗？或者你雖然從未去過某地，卻對那裡有似曾相識的親近感？這是因為，你潛在的心念能量，喚起了過去沉積在那裡的其他心念。那些心念就像是堆在廚房裡從未被清掃的塵垢。在我們能夠了知一切並獲得力量前，必須先避免自己被那些不必要的心念能量所影響。畢竟，在我們周遭多的是像這樣的心念汙染（thought pollution）。

情緒乃是心念能量最基礎的元素，未經修持訓練而運用情緒，就會導致心念汙染。當我們感到沮喪或不適時，往往是因為碰上了這些我們很容易就能吸收的心念汙染。但我們也很快能學會如何將這些心念汙染排除於心身之外，並萃取出其中的正念能量。

依本教教義，共有八種會影響我們的心念汙染。它們是：

- ◆ 羨慕
- ◆ 忌妒

- 貪婪
- 憤怒
- 欲望
- 傲慢
- 漫不經心
- 自私

本教認為，如果我們是在一種很強烈的情況下經驗到心念汙染，這些心念汙染也會以同樣的強度影響我們大腦的運作，帶來不同程度的抑鬱，破壞我們身體、情緒及心靈的健康。

心靈與腦的運作能力直接相關，也關係到腦與身體的溝通方式，因此，心靈上若不健康，生理也會不健康。由於腦和身體都能激發出高度發展的心念能量，發展腦與身體間的能量渠道就變得很重要，這樣心念才能夠在腦和身體間流動，並對雙方予以啟發、強化。適當引導心念能量，讓它們從你的心經過你身體，再往外通往世界，就能創造出能量渠道。

腦與身體間的能量渠道，也可經由八大心念汙染掘出，但是這些渠道並不有益身心，只會創造出折磨、不幸，以及情緒與身體的疾病。為了尋找身心疾病的起源，或擺脫我們所經歷的不幸，我們有必要了解這些心念汙染。如果你能辨識出生命中負面事物背後的情緒支配力，你就能進一步改變情緒。雖然如此，你得記得這些情緒都是人類經驗的導師，我們必須謝謝它們。它們該被了解、被愛、被轉變，而不是被拒絕。

要學習如何思考，得先知道什麼是情緒能量，因為情緒表徵了人性各種最基本的驅力。確實，我們都是情緒性的生物；但問題是，有些情緒會超越其他情緒而控制我們，如果我們未經修持地運用這些情緒成習，那麼它們就會汙染我們內在。事實上，我們每天多多少少都在不當地運用這些情緒，還將這樣的能量融入我們的生活方式，任它們汙染，模糊掉我們追求清明、理性與成功的潛力。

依西藏本教的知見，人人都無所逃於八大心念汙染，且其中總有些汙染會比其他汙染更深刻地影響我們。這些汙染來自於未經訓練地運用情緒，就像是心理上的有毒廢氣。

以下我將列下八大汙染的個別描述，包括會對我們產生的影響，以及會讓我們表現出的特色。藉著這些描述，你可以發現哪種汙染影響你最深，而你又屬於哪種情緒類型。要注意的是，心念汙染並不意味誰做錯了什麼；這種「做錯事」的聯想是西方宗教的觀點。你完全不需有罪惡感。要知道，心念汙染只是因為你對心念本質一無所知且缺乏理解，就這樣很單純地發生了，而這不是你的錯。所以，在你探索這些心念汙染時，要對自己仁慈，但也一定要誠實，才能達到最大的效果。

每段敘述後面都附有一個心念練習，這些練習可以幫助你把心念汙染轉變成正念能量。針對影響你最大的情緒多做練習，可以淨化心念汙染，將其負面影響從你生命中去除，並轉變成正面能量。這些練習看來可能很簡單，但它們其實相當深奧且威力無窮，能將禁錮你多年的情緒障礙一掃而空。除非另有註明，這些心念練習並未規定練習時間，你想練多久就練多久。

八大汙染

羨慕

羨慕往往潛伏在微笑、承諾、友誼以及其他許多人類互動背後。它阻絕了快樂，並讓羨慕與被羨慕者都生病。當你羨慕別人，你就喪失了感受快樂的能力，也斷絕了與他人的連結。羨慕毫無建設性；它所創造的只有抑鬱不樂。

被羨慕掌控的人們，會發現自己很難接受他人忠告，或從錯誤中學習。

心念練習——轉變羨慕

用自己覺得舒服的姿勢坐著。想像你正洗著臉、手、頭。當你用清水洗淨自己，心也會明亮許多。水將帶走羨慕所含的不潔雜質，變得髒黑泥濘。當你清洗完畢，你的心將全然開放，釋放掉羨慕之感。此時，凝視積在銅盆裡的泥水，你會看到過去因羨慕所產生的影像與情境。你將發現自己羨慕的本質，與它對你自己及其他人造成的傷害。這時，負起造成一切狀況的責任，然後讓一切過去。

忌妒

忌妒不像羨慕那樣，慢慢累積衍生。忌妒是在看到別人有某些東西而你沒有時，所爆發出的一種激烈的、無法克制的原始欲望。忌妒會使你暫時盲目，因為你只看得到自己忌妒著想擁有的事物，而世界對你而言，就像被籠罩在半黑暗中。

心念練習——轉變忌妒

這樣的觀想方式雖然簡單，但是很有效。獨自坐在一個安靜之處。大聲要求——非常大聲地要求你內在的自我，將你日常生活與生命內在的忌妒，鉅細靡遺地顯現出來。接著，走向忌妒，命令它們離開。

感謝這一切。

貪婪

貪婪是善於謀略的，總在謀畫著攻擊。貪婪的標的物，不只是食物、財富，還包括野心、權力，甚至是快樂。它是一種未經修持的情緒，渴欲堆積一切，好覺得安全、安心。貪婪會讓人生病，讓人產生不安全感，以及金錢與人際關係上的種種問題。貪婪就像被海或風侵蝕的陸地，雖然那侵蝕是看不到的，卻真切無比且具毀滅性。

心念練習——轉變貪婪

尋訪一處靠近海或水域的天然美景，閉上眼睛。傾聽風、海，或是流水的聲音。將心神專注在其中一個聲音上，不讓任何其他事物潛進心坎。現在，引導這個聲音蝕化你的貪婪，並感謝事物的自然秩序，理解萬物自有其成熟時刻，再用這樣的感謝與理解，來取代貪婪。

憤怒

當一個人被世界擊倒，又覺得無力改變時，憤怒就隨之而來。憤怒被這種強烈的無力感創造出來後，會成為個體用來對應世界的方式，不論就外在或內在皆然。憤怒是種未經修持的自我認知方式，是種突然爆發的強烈能量，會創造出自我覺醒之感。

被憤怒影響的人追求萬事萬物的完美，並視自己為他人的領導者與啟發者。憤怒會在這些人內在創造出一種不完美的體驗；從另一方面來說，這些人倒也頗具心靈感受力。

心念練習——轉變憤怒

要轉變憤怒，第一步是想想你能為人們做些什麼。想想你為什麼會憤怒。專注你的心念能量，讓它為你的生活帶來屬於愛與心靈的、一種較崇高的體驗。

欲望

欲望總是想讓事事順利。欲望是種想控制世界及人們的渴求。欲望渴求以它自己的經驗去辨識一切；它只相信自己的行動，不相信其他。欲望與傲慢就像是灰姑娘童話中那兩個醜姊姊。

被欲望影響的人們，會亟欲眾人伴隨，且相當重視群體與人際關係。他們在乎群體與人際關係勝過任何事，但成為任何人際互動的核心，才是他們真正關心的。

心念練習——轉變欲望

靜靜地坐著。傾聽他人，不要給任何意見，也不要把自己的性格投射進去。

別用自己的概念塑造他人。體會他人的智慧與美好，他們也會發現你的智慧與美好。

傲慢

傲慢乃是缺乏自信的表現。傲慢乃是因為不知道要做什麼，才乾脆創造出一種情緒的防衛機制。傲慢乃是八大心念汙染的核心。傲慢其實不想傲慢，但它太害怕停下來；它不知道怎麼改變。

被傲慢影響的人們，相信事物無永恆，唯一能依賴的只有自己。他們看來往往很孤立，而這是因為他們不知怎麼創造友誼。

心念練習——轉變傲慢

靜靜地坐著。想想你成就了什麼。你真正的價值是什麼？你快樂嗎？你了解自己多少？別人了解你多少？你是否與他人分享自己？你有真正的朋友嗎？嚴肅地思考這些問題。當你有所頓悟，就以自己的愛來灌溉它們，你將看到正向改變的機會。

漫不經心

漫不經心的行為與心念，乃是心不在焉、思慮不周造成，雖然這些敏感又非常實際的狀況是偶然發生的，卻會造成長久的效應與反響。例如，它們可能充滿殺傷力，會傷到別人，乃至透過耳語四處傳播。漫不經心的行為與思考，往往在我們被其他情緒汙染影響時發生。

被這種情緒能量影響的人，是因為還沒學會平靜之道，也不懂得善用自己的情緒能量，才會顯出漫不經心且笨拙的心念與行為。

心念練習——轉變漫不經心

每天第一件事，就是做半小時的觀想練習。坐在椅子上，手臂置膝。專注心神在這段時間上。覺察到你在這段以和諧與平衡控制下的時間，都沒犯錯。

自私

當一個人在身體或情緒上都缺乏自我覺知時，自私就來報到。缺乏自我覺知會導致寂寞，而這又會影響到腦內啡分泌與邊緣系統；後兩者與情緒息息相關。

自私會上癮。一個人越自私，就越依賴自私的能量。自私會偷走你的活力，讓你無暇關心其他事物，也提不起興趣。

心念練習——轉變自私

靠地平躺，輕鬆舒展四肢。想像你的身體開始融解，緩緩成灰，最後只剩下你鼓動著的心臟，以及寄住在你心臟中的心。想像你的心開始產生新的念，這念又創造出新的情緒，而這情緒又誕生出全新且更完整的身體，告別自私。

現在，你該已了解情緒的角色與重要性，也知道若要好好修持心念，就要防範心念汙染的阻礙。接下來，讓我們學習怎樣運用心念能量邁向幸福。

心念能量與幸福

世上每個人都以心念與他人相繫。人人都能運用心念能量創造幸福。真正的幸福，乃是心念能量平衡所致；當心念彼此交織、相互支撐，就能創造出和諧。

只要你願意分享，就有權擁有幸福，不論是金錢、財富、心靈收穫皆然。但若你不願分享，就無法永遠擁有幸福，或是落得折損思考或感覺的能力。要記住，在我們擁有所有權時，千萬別濫用它。另外要注意的是，當我們擁有內在成就、將這些成就與他人分享時，可別分享成就背後的心念能量：心念能量一經發展，就只屬於擁有者，乃是神聖而不可讓渡的。

以西藏之道發展正念，能將萬事單純化，並自然創造幸福、成功與愛。你在心裡滋養出越多愛，心念就會越有效。心念正確，能讓你安穩駕馭人生，畢竟駕馭人生可不是件輕鬆事，你得為生命結果負責。我們並非受超乎自己之上的力量支配，一舉一動都被驅使；相反地，我們是獨立的個體，能藉著注意每一細節並引導結果，來決定每一行動的發展，及隨之而來的人生大事。

心想成功，必能成真

確立三則基本要件，能創造任何你想要的成功。這三則要件是：

一、你所想要的，最終該要能有益於你。

二、在實現過程中，你必須能承擔圓夢所伴隨的一切。

三、目標一旦達成，對於該怎麼實行、怎麼運用，又會怎麼改變你，你必須有所規畫。

成功並非一個本來生成的既定結果，而是藉著有建設性的心念，一步步化為可能。透過心念付諸行動，就能獲得成功。當你真心感會以上三則要件，你必須只想著一種你想要的成功，放下其他的。你需要一個時間表，給自己一年去爭取成功。你得對你的願望充滿信心，但也不能害怕失敗的可能性。為了成功，你的生活必須改變。

在稍後的篇章裡，你將學到各種特定的方法，幫助你在不同的生命課題裡獲取成功。但這裡所說的一般方法，乃是活化你潛在的正念能量之基礎。

應付難纏者

在你邁向成功之路上，最主要的障礙之一，應該就是那些難纏的人。我們都會碰到這樣的人及他們製造的麻煩。因此，在我們踏步進行之前，我得先說明怎樣因應這樣的人及狀況。

怎樣定義「難纏的人」？西藏本教是這麼描述的：難纏的人，會把情緒發洩在你身上，讓你覺得不安驚詫、困窘無助。難纏的人，會騷擾迫害你，或是阻礙你的生命道路。難纏的人，老是想刺傷你感情、傷害你身體，或毀損你名譽。難纏的人，總想竊據你所有，不論是財富或是創造力。

這樣的人其實很好應付，但鐵則是：在任何情況下，你都不能希望他們受傷。你只能期望他們自我體悟。你可以引導自我體悟的心念能量給他們，讓他們別再把矛頭指向你。每天早晚做以下的練習。

靜靜地坐著，把心思專注在你所認為的難纏者，在心中描畫出其形象。大聲唸出以下的祈請三次或九次，將這份心念引導給他們：

「願所有祝福都流向你。願自我體悟流向你。我要求收回你從我這裡取走的力量，這力量屬於我，我有權利收回。現在，願你得到愛與好運。在我說這些話的同時，你對我再也不是問題！讓你變得難纏的能量，已被智慧化解。你對我敬重以待。」

說完之後，大聲擊掌三次，來封束你的祈請。

這個練習非常有效。它就像一個心靈的當頭棒喝，不會造成任何傷害，而會讓你對目

前困境與那難纏者有更慈悲的觀照。不要輕估慈悲；慈悲是人類心中最強大的力量。

詹妮是位老師，她的事業與生命幾乎都被同校的一位女老師毀了。這位老師很資深，是詹妮的上司。不知為何，她似乎企圖把詹妮的生活弄到不可忍受，兩年來，詹妮承受各種羞辱與超重的工作量，還屢被指控欺瞞不實。雖然事實一再證明詹妮是無辜的，但這位主管卻都沒補償她。最後，這位主管甚至還開始打電話到詹妮家辱罵她。

這時，詹妮因為身體上出了狀況，前來找我治療。一天，她突然崩潰大哭，對我傾訴她悲慘的遭遇，我便示範給她看怎樣像上述練習那樣，運用自己的心念。離去時，詹妮神情愉悅，畢竟，現在她能為這樣的狀況做點什麼。

讓詹妮大為驚訝的是，就在詹妮開始練習的幾個小時後，她的上司忽然開始能考慮到詹妮的需要，慣有的殘酷行為也頓時消失。詹妮總算從她上司的破壞性行為中解脫，得以繼續快樂地任教。

兩年後，在一場課堂討論會中，有位年輕老師告訴詹妮自己被上司欺凌的遭遇。詹妮訝異地發現，那上司竟然就是當年欺凌她的女人，只是現在轉而折磨別人。詹妮教這位年輕老師「因應難纏者」的練習，後來就聽說那位上司被令永不得從事教職。

把壞狀況變成好狀況

人生中，在以經過修持的心念去創造生活中的成功時，有時你需要把壞狀況變成好狀況，才能繼續前行。

要做這個轉變，須藉助強大的正念能量之威力。要怎麼確認一個狀況的負面性，及其改變的潛力呢？你得先做以下三件事：

一、辨識壞狀況的起因，並查看這種狀況已持續多久。

二、觀察人們因應壞狀況的方式，看看他們投入了多少負面能量，而他們又是否相信能改變這種狀況。

三、思考如果這個壞狀況變成好狀況，可能會帶來什麼樣的結果，並思考這個轉變是否會持續，甚至變得更強大。

滿懷誠心與慎重地做完這三件事，你會找到改變的原料。你接下來要做的是：

靜靜地坐著。想像你面前燒著一叢火，再倒入一些薰香油。接下來，把你發現的壞狀況原料投入火焰，看著它熔化，並用你心念的力量與火的熱，在心裡導引它

變得正面、悅人、有力且有益。情況改變後，火也會改變；原本橘色的火焰，會變成藍白色的燦爛光柱。這道光柱會貫注到你的身體，進入你的脊椎，而後流入你的腦和心。然後，它會從你身體往外流向世界，散布充滿威力的正念能量，把壞狀況變成好狀況。

練習之後，效果會立即顯現。

琳達和伊恩是對年輕情侶，兩人是在我的診療所邂逅的。他們深陷愛河，又想去看看世界，便決定一起去旅行，也好在旅程中更了解對方。

在某個亞洲國家，當他們即將搭上回家的班機時，突然遭到當地警方逮捕，說他們沒付旅館錢。這控訴雖然不實，但他們別無選擇，只能被分別關進監牢，深為自己與對方恐慌。還好，在他們旅行前，我有教他們一些萬一碰到麻煩的因應之道，其中也包括「把壞狀況變成好狀況」的練習。

靠著彼此強烈的心靈感應，他們為自己也為對方做這個練習。四十八小時後，沒有任何理由地，他們被釋放了。護照和行李都被歸還，錢和機票卻不見了。他們坐在熱鬧的街上，再次觀想。此時，兩位年長的觀光客招呼他們坐上計程車，一起到機場。到機場後，這對年長的夫婦問他們出了什麼事，琳達和伊恩就說出自己的遭遇，這對夫婦便為他們買了回家的機票。

終於返鄉後，琳達和伊恩依照向那對夫婦要來的地址，把錢寄還給他們。奇妙的是，琳達告訴她叔叔這個故事時，發現她叔叔竟然認識這對年長夫婦，只是已經十年不見。償還恩情，帶來了歡欣的重聚。

一日的心念

每天早晨，我們都懷著一個心念醒來。不論這個心念是什麼，它都設定了今天的基調。這不見得是好事；畢竟我們可能一起來就急忙趕著上班上課，或宿醉未消，或滿懷抑鬱，最常見的是處在一種混亂的狀況。因此，若我們能學會創造一個嶄新的心念，去開始每一天，讓這天成為你心念的完美展現，必對我們十分有益。

你每天想成就什麼？你想要心境平和、事業成功、財源滾滾？或是只想結束私人的麻煩事？不論你想要的是什麼，你都有力量創造它，只要你知道怎麼做。這裡，我將教你怎樣釋放具建設性與動力的能量，好貫注到日常生活。

首先，要每天都感謝這個事實：你天天都充滿改變的機會。當你開始懂得感恩，就會發現自己的直覺變敏銳，而這又讓你更了知心念能量怎樣影響你的生活，也更有幽默感，且更能覺察到每個習慣背後的成因。了解習慣的成因後，你就開始能感受到嶄新心念的能量。

這個過程大約可以在七天內奏效，之後你就能發現每天最需要實現之事。你可以一早就鎖定所盼之事，再引導它發生。

西藏本教認為，若想得到一種強大的力量，好讓每天都轉變成想要的樣子，你得應用以下練習，訓練自己引導心念能量的能力。

擇出下列心念中與你相關者，每天一早起來就做練習，一個心念每次要練習三天。

心境平和的一天

與所有你接觸的人友好的一天

事業上得到明確成功，且為有權者認可的一天

為自己引來實際財富的一天

提升你名聲的一天

遇見你願意愛，也愛你的人的一天

能克服任何一種家庭問題的一天

從病中康復的一天
掙脫任何負面影響力、自由自在的一天
找到新房子或落腳處的一天
找到新工作或開創事業的一天
有力人士予你支持及好運的一天
啟發心靈與解決問題的一天
擊敗敵人或想詆毀你的人的一天
交朋友的一天
旅遊的一天
懷孕的一天

若你有任何想鎖定的課題沒列在這裡，也可以把它加進表單。

之後，像這樣大聲唸出每一個心念：「我要讓今天變成心境平和的一天」，或「今天，我將為自己引來實際的財富」。重複唸出這個心念十八次。完成後，當你看到這被指引的心念四處散布、融入今日，創造被你召喚的機會時，記得保持沉默幾分鐘。意向堅定、大聲唸出每一個心念，乃是釋放你心念能量最簡單的方法；這樣的召喚，將喚醒你與體內無盡的心念能量的關係。

你可以不斷重複這個心念練習，做多少次都可以。

約翰的妻子死於腦腫瘤，留下一個十八個月大的女嬰。他沒有可以幫忙的親戚，對家務又幾乎一竅不通，連煮蛋或熨襯衫都不會。以前，在他忙於石油生意時，他太太總把所有事都料理得好好的。

太太死後不久，約翰就丟了工作，不得不拖欠抵押借款，銀行卻擺出嘴臉，查封他的財產。看來，約翰真是事事不順。由於要照顧小孩，約翰必須盡快找到工作和新家，但他謀職卻屢屢碰壁。

約翰對連串逆境再也無計可施，到我這裡求援，我便告訴他怎樣引導心念能量解決問題，找到他需要的工作和新家。約翰誠心誠意地練習了幾天，之後便獲得去一間公司面試的機會。

面試時，一切看來都很順利，但在面試結束時，這間探測石油的小公司老闆詢問約翰的現況。眼看一切就要曝光，約翰心想：完了，這個工作機會沒了。

出乎約翰意外的是，老闆這麼說道：「我了解，我也曾經歷過同樣的事，我知道那是什麼滋味。喔，對了，你被錄取了，還有，在你找到落腳處前，就先住公司宿舍吧。」

這是五年前的事了。現在，約翰已是那家公司的行政總裁，也一直是那慷慨慈悲的老闆的密友。

心念的力量無處不在，萬物皆有。雖然肉眼看不見，卻十分真實，創造了我們所知所在的現實世界。學習駕馭、運用西藏正念的藝術，你將能創造你所希冀的現實，讓你的心念引導出成功的行為與結果。若你僅是被動地回應生命中各種狀況，只會覺得身不由己、虛擲生命；一旦你連結上萬物的心念能量，就能選擇與生命共舞、擔起責任，而非徒感無力。

選擇這條路，你的生命將開展新的面向與意義，獲得成功與快樂。生命將進入更深層的意識，你會開始發自內心地歡慶生命，生命也會為你歡慶。記住，所有物質事物，都有心念能量在運作，就像你也是靠純正的心念推動。讓心念的力量湧入你，再以意志與意向為工具，開始駕馭這純正的心念能量吧；如此，你的心念將成為你體內神性的媒介，且能直接有效地影響物質世界。

在之後的篇章，我將告訴你怎麼發展及使用經修持的心念能量，以利於你特定的人生課題，帶來成功。這些課題包括：工作、財富、健康安樂、個人的自由感，以及與家庭、朋友、愛人的關係。

我也將強調怎樣幫助及鼓勵他人，不論你是否認識他們。唯有這樣，正念能量的好處才能分享且承續。最後，我要告訴你怎樣深入心靈開悟之路，又要怎樣發展意識，以在最深的層次上與一切中的「一」（the unity of all things）相連，並連結上關係萬物的一念（the single thought）。

第二章

生命中的九個關鍵時刻

我們的生活巨大無比。我們活在一個繁忙、嚴苛而狂熱的年代，每一天都迅即被下一天吞沒。如此，我們很容易就失去生命品質、意義與目標感，而正是這些因素讓生命變得可貴。我們常常覺得精疲力盡、生命被搾乾，要不就是拚命去完成周遭待做的事。然而，我們卻沒想過，每個人的生命都可以是一場慶典，是實踐成就、心靈啟發與修持心念的大好良機。

我們的生活巨大無比。我們活在一個繁忙、嚴苛而狂熱的年代，每一天都迅即被下一天吞沒。如此，我們很容易就失去生命品質、意義與目標感，而正是這些因素讓生命變得可貴。我們常常覺得精疲力盡、生命被搾乾，要不就是拚命去完成周遭待做的事。然而，我們卻沒想過，每個人的生命都可以是一場慶典，是實踐成就、心靈啟發與修持心念的大好良機。

西藏本教信仰認為，人人在生命中都擁有九個關鍵時刻。每個時刻都是一個標記，告訴我們前進的方向，並指出我們亟需學習之事。這九個時刻會以不同的形式反覆發生；有時只如電光石火般閃過，有時則持續數月，比如當我們經歷重大事件時。

我們常常受挫潰敗，感到不知所措，甚至不明白自己到底發生了什麼事。倘若你想活得精力充沛、興致盎然且充滿轉機，你必須充分意識到這些關鍵時刻。有時，關鍵時刻是在你心神渙散之際或遭逢挫敗時，不動聲色地掠過你身邊，倘使你沒注意到它，你就失去了成長與修持心念的絕佳機緣，也失去從生命學習與調整人生方向的機會。

本章我將概述上述九個關鍵時刻，如此，當它們發生在你生命中時，你就能辨認出來。當你開始能體驗每一個關鍵時刻，就將覺察到每個時刻背後的心念能量，也會了知要怎樣利用它去創造福惠與快樂。每個關鍵時刻，我都會配合一個心念練習，好讓你更深入地發展這個生命面向。這九個練習都很有益且寶貴，但你可能會覺得其中有些與你特別相關或格外重要，而想先做那些練習。若是如此，你大可信任你的直覺，自己決定練習的順序。或者，你也可以按照這裡列的九個關鍵時刻，依序練下去。

這些練習都很簡單，我在每個練習所附的例子，也各自記錄了人們如何藉由這些練習，成功地改變了人生。這些故事讓改變看起來很容易；事實上也是如此。如果你真的很想改變，又矢志不懈地做練習，很可能在短時間內就能有重大改變。我們經常拖著不去處理生命中的痛苦課題，擔心「嘗試改變」太困難又複雜，然而，改變並不一定艱鉅複雜，因為世上最深奧且重要的事情，往往非常單純。

人人一生中都會擁有的九個關鍵時刻是：

生
家庭
愛
成敗
意義
快樂
接受

獨立

死亡

在你一生中，這些關鍵時刻隨時都可能發生。每個時刻都蘊含著生命的課題，而你必須學習這些課題，才能了解這些經驗如何影響你的心念。

有時關鍵時刻本身就是問題。而由於我們自己問題叢生，我們往往把這些時刻變得比實際情況更複雜。每個問題其實都是要為我們上一課，而這些課程就存在於問題的本質中。鍛鍊修持心念，能讓我們了解「事情為何至此」的真義，並更清晰地了知自己問題中的價值。

若你我充分經驗、了解這九個關鍵時刻，它們就會像橋樑一樣，引領我們邁向更成熟的心念與心靈提升的境界。現在，就讓我們一一探索這九個關鍵時刻。

生

人人都經歷過「生」，而「生」也無時無刻不在我們四周發生。人類、動物、禽鳥等各種生物，無處不在誕生。

本教認為，你我生下來時就滿一歲了，懷著許多早已形成的想法、感覺、願望與關心之事，雖然那時我們還不會表達。古藏人用的是陰曆，變化較多，每月的長短變異也不同，整個時程比我們現在用的陽曆要短，因此他們認為新生兒是一歲大，而非九個月大。

從形成胚胎那一刻起，以及還在子宮的時候，你就已開始學習發展心念，而心念能量也自此影響你的發展與健康狀況，並創造你未來一生的基本模式。你在何種狀況下出生，會影響你看待人生的方式。所謂何種狀況，是指你從形成胚胎到出生這段期間中，你母親的工作屬性（是單純或複雜）及心念性質，以及你父親的情緒狀態。

要注意的是，「生」不僅指「被生下來」的那個動作。它其實是種一直存在你體內的強大心念能量，展現為不斷發展的身體／情緒／心靈之經驗。它存在於你的心念中，存在於生命給予你的各種機會裡，也存在於你回應這些機會的方式中。事實上，我們都一直處於「生」的狀態，而「生」也是其他八個關鍵時刻的來源。

要發現生之意義，有很多種方式。「生」可能是具體的誕生，也可能是一種創造性的或個人的突破，還可以是一個心念、一個點子、一種心境或一個決定。當然，「生」並不總是正面性的；生命也會「生」出問題或困境。但即使在最糟的時候，「生」中也總有機會。

回想你生命中各種形式的生之片刻：它可能是一個新生兒、一個大好良機、愛、友誼、走了回好運或是瞬間的頓悟，也可能是你生命中一個新階段或新的開始。

生的心念練習

這個練習對人人都極有好處，特別是那些自覺衰老抑鬱、對人生厭倦疲憊不堪，以及想變得開放些的人們。如果你或你的伴侶覺得難以向對方敞開心胸，也該試試這個練習，因為它也能有效促進情感溝通。當然，理想上，你們應該一起練習。

每天早上至少花十分鐘練習。準備一本空白的練習本，好開始書寫你的「生之書」。

> 坐在任何你覺得舒適之處，閉上眼睛。在你的心之眼，你會看到柔和的白色亮光。這光緩緩形成一個美麗的白色蛋體，逐漸擴大，直到將你包納其中。很快地，你會覺得自己就在這個白紫相間的輝煌蛋體中央。你會覺得自己燦然一新，心中流湧回春之感。你會覺得自己越變越年輕，一天天、一刻刻、一分一秒地……直到你只剩下心念能量，那個你才剛被受孕的最初時刻裡，所擁有的心念能量。在這特別的地方，你將能看到所有的人類生命與經驗。
>
> 各色人們掠過你身邊；你在這靜默之處，可以看到外邊的熙攘人群，聽到人聲

嗡鳴。而後，蛋體中的一道柔和紅光脈動起來，吸引住你。你開始跟隨它，讓它帶著你歷經你在子宮的歲月，歷經你的生命猶在母親體內的日子，歷經你的誕生，歷經之後的每一天，直到現在。

當你回溯過往歲月，會發生一件重要的事：你開始體悟每一天的生之能量。你開始感覺到生命力、被善用的與錯過的機會，以及生命中悲傷的、黯淡的、光輝與絕妙的時光，都向你展現出各自擁有的「生」。你了悟為什麼你的人生是現在這樣，也了解自己有力量去改變它。此時，從鼻子吸一口氣，再從口輕輕呼出去。

休息幾分鐘。然後在你的生之書上，寫下這次練習的過程，以及對你來說最重要的經驗。

每天早上做這項練習，你會發現從練習中「生」出的體會與發現，當日都將持續出現在你心中。把這點也寫在生之書上。這項練習將對你揭示生的美麗與力量。只要你持之以恆地練習，你所有的例行工作與習慣都會滿浸心念能量，讓思考變得更清明。你將能觸及意識中最深層、最深邃的部分，如獲重生。你將成為一個探索者，尋找生命的真義。學著辨識生之關鍵時刻，將啟發你生命新的深度、意義與品質。

瑪西亞一生都覺得自己在與什麼搏鬥，然而她不知道原因。她已八十四歲了，卻仍對這場搏鬥的性質一無所知，也不解自己為何總是悒悒不樂。她身邊有兒孫圍繞，丈夫也很愛她，但她就是覺得有道圍欄隔在自己與世界間。這從瑪西亞幼時就感覺到的圍欄，讓她如處沙漠之島，無法充分感受情緒。

我第一次遇見瑪西亞時，並非只有我們兩人在場，因此我未與她傾談，只是告訴她怎樣做這個練習，且表示如果她需要幫忙，我可以和她一起練習。

瑪西亞開始每天做這個練習。幾週之後，她開始談她自己。

她說，她一生都被過度保護，先是受她父母保護，然後又是她丈夫。她幼時漂亮得像個洋娃娃，父母就像把她安置在保護箱那樣呵護，直到她長大。後來，她選的丈夫也以同樣的方式待她，確保她平安無事、遠離生命一切困厄。瑪西亞覺得自己一直被抽離於世事之外，而這真的就是她過的生活。

「我不知道生命到底為何，」瑪西亞說。「我覺得那只是我所『為』，而非我所『是』。我開始體會到，我所做的事雖然影響了我、改變了我，但都不是真正的我。我被隱藏在家庭背後，對人生的基本道理一無所知。

「現在我了解，萬物都有自己獨特的生命。我很高興我終於發現了自己。我發現掌握每一時機的能力，也發現自己愛家人的能力遠勝以往我以為能給予的。在這樣的關係中，我丈夫和我有如重生。」

瑪西亞教她丈夫及成年的孩孫輩這個練習。她與他們分享自己的發現，以往的煩惱與情緒垃圾一掃而空。她看來年輕多了，心態也青春不少。由於發現了「生」千變萬化的形式，她開始得以探索情緒的各個面向。

家庭

為了追求歸屬感以及與他人的連結感，人人都會尋找家庭。原生家庭是我們最初的群體經驗；這個生下我們的家庭，賦予我們家庭觀，而我們又會用同樣的觀點去看世界，並與夥伴、朋友、同事創造新的「家庭」。家庭讓我們對世界有種歸屬感，並影響我們的心念方式。倘使我們讓自己涵納於家庭的心念能量（這份能量在我們的日常生活經驗中可說無所不在），立即就能滋養自己的人際關係。我們將能與所有互動的人分享這份能量，即使只是與陌生人閒談、向店家買個東西，或是與同事開會。

日常生活中，很多人都封閉自己，然而這不但會減少與他人的互動，也會降低自己心念的品質。許多體驗家庭力量的良機，就是在這種自我封閉中溜走。若我們向家庭的心念能量開放，將能聚攏人群、去除偏見。這份能量能創造一種良善感、分享感與共同感，教導我們人本身的價值：並非在於他們「有」什麼或能為我們「做」什麼，而在於他們「是」什麼。

家庭的關鍵時刻，發生在我們感受到「愛」時，不管它以什麼形式出現。那可能是性愛、浪漫之愛、心靈之愛、柏拉圖式的戀愛、朋友之愛，或陌生人的好心幫忙。在每個關鍵時刻，當我們覺得意識與他人相連，家庭就存在於那個高度精神性、能夠賦予新生的經驗裡。這些時刻一直在發生，只是我們往往陷於例行公事、積習與未經修持之心念模式的能量裡，而未意識到。

我們都是彼此的家庭；學著覺察你生命中的關鍵時刻，你也會體會這一點，並享有它帶來的種種恩賜。

家庭的心念練習

這個練習，特別有益於以下這些人：覺得孤單的人、獨來獨往的人，以及與自己的想法、感情疏離的人。若你遭遇家庭問題，或想要一個家，或你是被領養的，一直想找到親生父母，這個練習也很適合你。如果你瀕臨離婚邊緣，或是與工作夥伴、同住的朋友出了問題，也可以做這個練習。

每晚睡前做這個練習，大約十分鐘。

用自己覺得舒服的姿勢靜坐。閉上眼睛，在心裡感覺自己的頭頂，再往下感受你的臉、肩膀、雙臂、十指、胸、腹、臀、腿與足。接下來，感覺你呼吸的升起與沉落、吸進與呼出，好像它是一陣古老的風，吹送著出於人類家庭的集體智慧。

傾聽。試著去聽風中有什麼，去分辨你的呼吸及他人的呼吸。你所呼吸的空氣，包含了家庭的關鍵時刻。開始去感知他人的需要，以及你對社群、對歸屬家庭的渴求。當你連結了自己與他人的呼吸，記得要感受彼此的需求。

現在，將你對眾人福祉的心念擴及他人，傳送出療癒、慰藉與交流的能量。

結束練習時，感謝這一天，也感謝你今天遇到的所有人。臨睡時，引導你最深層的心念去了解他人的心念，當你翌日醒轉，就會比之前來得更智慧練達、心胸開放些。

保羅是他家的「怪胎」。他與家人截然不同，與街坊鄰居的孩子們也格格不入。他的父母也不了解他，而他則覺得他們拒絕自己。他很想知道一切為何會如此，又怎麼會如此。

雖然保羅想去愛他的家人，卻覺得與他們很疏離，而這開始影響他整個人生。他不知道怎麼交朋友、怎麼去經營親密關係。他覺得鬱鬱寡歡，寂寞萬分。

做了家庭練習後，保羅觀察到家人如何又為何不知怎麼與他相處。由於這層體會，保羅原諒了他們，並開始去了解他們是怎麼看他的。他很驚訝地發現家人們對他又敬又怕。

基於新體悟，保羅得以與父母、兄弟與兩個姊妹建立起親愛之情，也交了不少新朋友。現在，他不再覺得孤立了。事實上，現在常有人請益他經營關係之道。

愛

愛無所不在，但很難約束。要體驗愛，有時很難，要分享就更複雜了。愛是意識中表達不出的語言，能了知世上大半只存在我們潛意識中、難以言說之事。學習如何了解愛的心念能量，能擴充你的覺知，生命也會變得更滿足、更有創造力，因為這樣的心念能量雖然與學術無關，卻能造就絕佳的知性成就。

愛會多次找到我們，並用各種方式展現自己。當愛的關鍵時刻發生，它會持續用自身滋養我們，只是因為我們在生活中總沒意識到它，而未加注意。巨大的愛能量之流，流貫整個地球，只要你開放自己去接受愛，你會發現，無論何時，處處充滿著被愛的機會。

愛的心念能量會解放你，顯現你自己的價值，為你帶來和諧與平衡，並讓你感受到人類所能有的無盡喜悅。那麼，我們要怎樣在生活中感知這個關鍵時刻呢？你只需像歡迎一位老朋友或我們想更了解的人那樣，展開雙臂歡迎它。

愛的心念練習

若你覺得自己不被愛或心中無愛，或有其他失去平衡的問題，就做這項練習。若你覺得被愛的義務所束縛而悶悶不樂，此練習也很重要。若你認為自己已發現真愛，或正準備結婚，或是在愛情關係中出了問題，如缺乏激情等，這項練習也能助你一臂之力。愛的心念練習能同時顯現愛的關係之正負兩面，幫助你發現這個關係需要什麼。

白天用十分鐘做這項練習。

用自己覺得舒適的方式坐著。將你的心念與專注力集中於心臟。全神貫注於它，排除所有雜念：想像你的心是一處水槽，能流出無盡的祝福。感覺每一聲心跳，讓每一震動在體內迴盪，在心跳間感覺愛的能量。在身體、心靈與靈魂的最深處，存在著愛的心念能量，等著你發現。當你感覺到心臟中愛的能量，就邀它流入你的心，你的身，你的生命和心念。

規律地做這項練習，能讓你走上蛻變生命之路。辨識並接受愛的心念能量，能延展你生命的深度，給它豐沛的滋養。你將能療癒並強化愛的關係，感覺心靈飽滿，得見生命的豐富——因為愛的經驗本身便是豐富。

瑪麗亞是位出色的大學教授，她在其專業領域非常傑出，眾多著作也甚獲讚譽。她的才幹讓她生活得相當優裕，但在她生活的另一面，卻隱藏著深深的不滿足：她覺得自己不被愛。她與另一位也很優秀的大學教授馬克生活了十年，兩人卻維持著一種理性的冷淡關係。他們欣賞對方的成就，也在各自領域內相互全力支持，但就是缺少熱情。

瑪麗亞來找我時，告訴我她不知道自己是否愛馬克。她喜歡他，也崇拜他，但她總覺得兩人之間應該還要多點什麼。她不覺得馬克「愛」她或欣賞她的女性特質。他總是有一堆工作要做，也從不和她談到婚姻或孩子。她覺得馬克會滿意繼續這樣的生活，但她還想要多點東西。

我要求瑪麗亞連續一個月，每天早上做這項愛的練習，看看會有什麼改變。當她再回來找我時，顯得很興奮。她說，她才練了兩個星期，就決定坦誠告訴馬克自己的感受、願望與夢想。讓她驚訝的是，馬克因她說的話大受感動，說他也很想和她結婚生子。

過去他們都陷在自己的思緒裡，互相猜測對方的感受，反倒不能坦誠溝通。在這一次談話後，馬克也開始愛的心念練習。兩週後，他們又談了一次，決定共度一回浪漫假期，好好計畫未來。

這個練習讓他們都觸及自己心中愛與浪漫的那一面，並讓他們許諾彼此坦誠。這個巨大的能量轉變，讓瑪麗亞發現馬克的熱情也可以狂烈如火：他開始送她花，寫愛的小語給她，讓她不只覺得自己被愛，還發現自己也有與馬克同樣深厚的熱情。

兩年後，瑪麗亞和馬克結婚了，並等待迎接他們的第一個寶寶。現在他們把彼此與家庭生活放在第一位，學術生涯則居次，過得非常快樂滿足。

成敗

成敗永相依。它們一個引來另一個，可說是一體兩面，因此它倆同被視為一個關鍵時刻。許多人視成功為某個目標或志向的實現，而失敗則慣被看作是負面的，或至少是不幸的，但就本教的觀點，以上的定義都太簡單。本教認為，真正的成功能引導你對他人慈悲，失敗則是你忘卻對他人慈悲。成功與失敗都是幫助你培育智慧與洞見的要件。

成敗，無所不在：有些人自視成功，但他們的成功其實空洞且毫無價值，因為它奠基於謊言，又無益於他人。我們有時會看到大公司毀於一旦，就是因為它們以謊言為基礎。

它們自以為強壯無敵，其實空洞無比。

因此，成功也可能是不幸的，失敗則可能是美事一樁。因為，我們能從失敗中學到：真正的成功，必須有益自己與眾人。

物質世界需要成敗相依，來適度調節我們這易碎星球上有限的生命力，以及人類這脆弱的物種。成敗的關鍵時刻，教導我們行動、心念及行為的真義與價值。它藉著道德、倫理、工作及和他人相處之道，顯示我們在物質世界中應盡的責任。

我們傾向用帶來多少快樂來測量成功的程度，並用帶來多少痛苦來測量失敗的程度。會有這種量化的方法，是因為我們還未能與成敗的心念能量相連。一旦我們連上這樣的能量，體悟生活中為何有成敗，便能開始體會成敗並非我們想像的那樣界線分明。成功可能是失敗的，失敗則可能轉為至高成就。

當你刻畫未來時，你對成敗的態度，將決定你的成就以及你會選擇的路。了解成敗其實相屬，你就不會陷於成或敗的迷思。你會很有慧見地了知，成或敗總跟隨彼此的腳步，而兩者在你的生命都極具價值。

成敗的心念練習

倘若你正面臨任何一種成敗的關卡，這項練習會很有用。也許你才被重大的生命變化擊倒，比如失戀、失業或罹患重病，而有一種失敗感。做這項練習，能讓你看到你的經驗的另一面向，讓你了解失敗在哪裡，成功就在哪裡。

若你正嘗試改變，或期待在一場冒險之舉奪得成功，也可以做這項練習。這項練習能幫助你檢視自己是否選擇了正確的路，確認這樁冒險是否適合你，又是否能幫助你享受成功的果實。

每早或每晚做這項練習，至少做十分鐘。

靜坐著閉上眼。鉅細靡遺地回想生命中曾有的成敗。回想它們曾怎樣影響你，包括心靈的、情緒的、心理與現實狀況等層面。接下來，試著感受所有與這些成敗連結的心念能量，盡你所能，深深地感受它們，引導它們像一道溫暖的金色水脈那樣，一點一滴地流到你心裡。這樣，你將了知你過去成敗的本質，幫助你自我認知。像這樣觀想之後，大聲感謝你歷經的所有成敗，記得要一一說出是哪些成敗。

若你要展開某樁特殊的冒險之舉，可以在練習結束前，將它形象化，以進一步

檢視。冒險的主題與你的意圖，要描畫得越特定越好。你會有種強烈的感覺，告訴你是否該進行這場冒險，結果又會是什麼。

珍想買房子。她看了一堆房子，終於看中其中一間：這房子不但寬敞漂亮，地點也很好。珍的老公並不擔心要搬到哪裡去；他把決定權都交給珍。

珍開的價被接受了，但麻煩才開始。先是珍和她老公遲遲無法賣掉他們住的房子，再來是他們看中的房子屋主大幅抬價。珍因為已決定買房，就削價賣出現有的住處，並接受新房子調高的價格。

然而，更多麻煩冒出來。他們發現，新房子問題多多，得花一大筆修繕費。到了這地步，珍的老公建議乾脆放棄新屋，另覓他處，但珍想要這房子。她已帶她姊姊來這裡看過，而她一向甚為倚賴的姊姊也表示非常喜歡，因此珍繼續實踐計畫。最後，他們買了這房子，一家人也搬進去。然而，從他們搬進新住處，就一直問題不斷：孩子生病、珍和老公開始爭吵、鄰居難以相處、修繕費更超過他們所能負擔。

兩年後，珍終於同意這房子根本就不適合他們。此時，我建議她做成敗練習，而她在練習後發現，她是被她姊姊的判斷牽著走，而不是她自己的。她把房子賣給她姊姊。她姊姊很喜愛這房子，住進去也沒任何問題。

在買下一間房子時，珍也做這項練習，好幫助自己做判斷。這回她做了成功的選擇；他們一家搬進新房子後，都住得平平安安、快樂滿足。

意義

人們在日常生活失去方向，或找不到意義時，就會感到痛苦。缺乏意義有如真空，讓人覺得自己做的全是白費功夫。

許多人試著透過別人的觀點，在生活中尋找意義。他們尋找能夠告訴自己「我是誰」的一切認可、反應與訊息。但他們所做的一切，只能導引出一幅扭曲的圖像，並不能帶來對內在意義真正的體會。

意義是支持著我們所有經驗的心念能量，存在於我們潛意識與意識的心中。因此，意義必須向內尋求。你越尋求意義，就會發現越多組成你的心、你的情緒與願望的結構。意義是意識的運作；如果你懂得尋找，一切皆有意義。我們本身就是意義的翻譯者與詮釋者。

每個人的意義都很獨特。人人都必須找到屬於自己的意義，因為意義的心念能量，能帶給我們所需要的經驗。對意義的追尋，能激勵我們更加修持訓練心念。一旦我們發現怎樣在日常生活運用意義的價值，經過良好修持的心念，就能讓我們從心所欲而不逾矩，創造美好的人生。

當我們真的明瞭生活的意義，頓悟是什麼存在於我們行動背後時，就是意義重大的關鍵時刻。這樣的時刻隨時可能降臨，但伴隨它的不會是鑼鼓喧天，而是啁啾鳥啼或片刻寂靜，因此你更要留心傾聽。

意義的心念練習

當你覺得漫無目標，或不知人生或人生中某個特定領域要做什麼，或在工作／關係中遭遇瓶頸、窒礙難行時，就做這個練習。若你想了解發生的某事的意義，或你無法理解某個狀況，也可做此練習。若你正尋覓人生靈性上的意義，或遭遇信心危機，這個練習也很有效。倘使你犯了過度分析的毛病，不管發生什麼事都要找到意義，這個練習也能幫你了解：有時，有些事就是不具任何意義，是我們自己要妄加解釋。

每天花二十分鐘練習。

在靜處找張舒適的椅子坐下，或用觀想的姿勢坐著。閉上眼，傾聽。用耳傾聽你身體的聲音、你心中的聲音，以及圍繞著你的世界的聲音。不論這些聲音是什麼，也別管它們帶給你什麼感覺，就只要感謝它們。視它們如朋友。不帶任何成見地傾聽，直到這些聲音消失。接下來，傾聽意義的心念能量，其聲猶如一個拔尖的高音，或如湍流的河水。把你自己融入這聲音，感謝它。張開眼，感覺你所處空間之意義的心念能量。讓它滲入你體內。吸收它。感覺它。你對事物之意義的了悟，就這樣進入你生命。

做為一位歌手，詹姆士算是很快功成名就的。但成功來得越快，他越覺得自己孤立疏離、悒悒不樂。詹姆士覺得他不知道自己是誰，又是否真的想要他所得到的。他覺得生命毫無意義，因此他開始尋覓。

做了三週的意義練習後，詹姆士開始體驗到與自己情緒、記憶及創造力的聯繫。他開始了解自己選擇這個工作的理由：他所在意的，並不是財富或成功，而是實現創造力、給予他人快樂，以及養家的能力。有了這項體悟，他開始覺得快樂多了，並得以排出生活中重要事物的次序，好同時享有成功的事業與個人的生活。他為自己定下清楚的原則，表明只接哪些工作，若有些工作讓他覺得不對勁，或會干擾家人，他就會拒絕，不再任憑別人安排。

現在詹姆士已結婚生子，但他還是每天早上做意義練習，以與內在自我溝通。他已尋找到自己的意義，且能在生命帶給他學習更深功課的機緣時，一眼認出那些時刻。

快樂

快樂不靠外力，自然生成。就像太陽為地球帶來溫暖，快樂也為我們的生活創造溫暖。萬物都是快樂的；快樂的心念能量早已形成，我們只需接受它。如果你深深望進一個人，就會看到快樂在內裡靜靜閃耀，即使那人有別的問題。快樂瀰漫在我們呼吸的空氣中，存在於宇宙自然與悠悠眾生。當你學會修持心念，就會發現怎樣能活得快樂，因為修持心念能幫助你趨吉避凶、創造美好的人生，釋出快樂的能量。而既然快樂的能量得以釋出，邪惡與悲傷即會消逝。

快樂的報酬就是它自己，我們在純粹的快樂時刻中感到的喜悅，都很獨特。人人所感受到的快樂都不同，因為我們各有領受心念能量的方式，接受及創造快樂的能力也相異。

快樂不存在於物資的累積或單一特定事件。真正的快樂來自我們心中的聖地，因此當我們耕耘這聖地，並增進修持心念能量的能力，就更具快樂的能力。

快樂的心念練習

這個練習做來雖然簡單安全，卻自有深意。許多偉大的西藏本教大師，就是用此練習做為他們主要的觀想方式。當你覺得鬱鬱寡歡或失去快樂的能力時，就做此練習。這個練習與意義練習緊密相關，兩者一起做時相當有效。人們有時覺得自己需要追尋意義，才能變得快樂，其實不見得正確。

每天一早起來就做這項練習，至少做十分鐘。你也可以在任一安靜的時刻做此練習。

用自己覺得舒適的姿勢坐著，閉上眼。想像一條純粹、明亮、乾淨且宜人的光之急流，湧入你心。當它觸及你心，你心中快樂的種子瞬即發芽，並迅速茁壯。你了悟快樂就在你體內，就在你生活中所做、所感、所說的每件事裡，啟發並影響你的心念與行為。

傑克不相信快樂。他認為只有怪胎、嬉皮和膚淺之輩，才會需要快樂這種東西。他沒時間快樂；他是個嚴肅的人，忙著經營一家五金行，還是地方社區的重要人士。然而，腦膜炎奪走傑克七歲的兒子，讓他的嚴肅頓時變得太過沉重，且滿載悲傷。最後，他終於體會到自己的情緒重擔。

傑克開始做這項練習。他幾乎立即感到欣喜與快樂的巨浪湧入體內，讓他得以與悲傷和解、重建生活。他發現自己的問題是從未與他人分享，不管是宗教信仰或工作的意義。於是，他在店裡添了一間冰淇淋室，每週提供兩個小時的免費冰淇淋給社區兒童，而這舉措成功地凝聚了社區。現在，他的快樂變得更富感染力了。

接受

接受幫助我們充滿力量與自覺，且與他人溝通無礙，並了解仁慈的價值。它是一種通往慈悲的心念能量；因為當我們接受越多，就會變得越慈悲。

接受並不意味順服。接受是智慧的、充滿活力的，因為它賜與你勇氣，讓你知道何時該接受某些事物、事件或人，何時該了解你沒有力量去改變它們。

你我都能體會上述的情況，它們本來就是生命中的一部分。然而我們太常抗拒這些狀況，拒絕接受我們不能改變的事。接受的關鍵時刻，讓我們體悟何時接受某個狀況，也是種智慧的選擇。接受讓我們不再遲疑猶豫，而能洞見自己的過去，給予我們力量去治癒古老的創傷，並原諒曾傷害我們的人。接受提升我們的內在本性，教導我們世上沒有不可能的事。

在自然與宇宙中，最具重生力之女性力量的心念能量，就是接受。同時，接受也是規訓紀律、集中焦點並達致成就的關鍵。它並不光彩奪目，相反地，它寧靜而堅忍。它永遠存在當下，能引領我們活在此刻、活在「永恆的現在」的能量中。

所有的人類美德中，接受是最難做到的，因為我們得先信任生命的自然法則，才能學會接受。接受意味我們必須放棄日常生活中的念頭，放棄更高層次的思考，甚至放棄賦予我們生活品質與獨特性的心念能量。為此，接受會靜靜等待，直到我們準備好承認它已存在我們內心。

接受的心念練習

如果你覺得很難接受某個狀況或事件，或覺得自己不被接受、不被認可，就做這項練習。你所遭遇者，可能是特定的某人，比如你的繼母不接受你；也可能是種整體感覺，比如你覺得不被他人接受，被當成局外人。

每晚做這個練習，每回至少二十分鐘。每週都盡可能在固定時間練習。

放鬆身體坐著，閉上眼睛。想想目前你碰到的最麻煩的人或狀況。想像這個

人或狀況消失在一道純白的光裡，再用你的心接受這道光，心中不做任何評斷。感受這個人或這個狀況為你上的「接受」一課，然後用同樣的方式，面對整個世界、你的工作、情感關係、家庭與你生命中的其他狀況——這些都需要你擁有接受的智慧。完成上述練習後，感謝你生命中所有的好壞事情。

布萊恩深愛的女友和他分手了，他完全不知怎麼面對此事。他們在一起六年了，不管他怎麼試，他就是放不下她。這樣的態度與痛苦，開始影響布萊恩的工作以及和他人的友誼，使他慢慢失去朋友與對生命的熱情，最終還丟了工作。

布萊恩來找我時，看來非常消沉。然而，當他開始做接受練習後，他醒悟到自己的拒絕面對失戀，不但摧毀了自己的生命力，也降低生命品質。

數月後，布萊恩釋放了失戀的痛苦，並放下他對前女友的看法，開始用新的方式看她。他接受了目前的狀況，接受了她的變化，最終也接受了他自己。他與她重新變成朋友，重返工作崗位，也拯救了與他人的友誼。他不再害怕生活中的失去；接受讓他心靈獲得和諧。

獨立

獨立並非為了自己而具備的能力，也不意味能不靠他人生活。獨立來自知道自己的內在問題或爭議為何，並知道它們怎麼產生，又該如何改變。獲得真正的獨立，能讓你充分運用自己的力量，過你想過的生活。

獨立是一種智慧。這種智慧來自於了解生命的神聖性，以及存在於每個人、動物、物體內的神性。真正獨立的經驗，乃是生命中的關鍵時刻，因為那意味你已達到一種更崇高、更穩定的心念境界與體悟層次。獨立也教導我們心念的性質怎樣運作，並為我們揭示自然與宇宙的靈性法則。它還教導我們這些個體怎樣與他人共處，並了解身為團體中的一份子的責任。

獨立使靈魂成長，讓你的生命獲得回饋，傳授人人生活之道。它教我們要對自己的行為負責，也賦予我們勇氣，去幫助別人對其行為負責。

真正的獨立，來自於人人彼此需要的理解，但同時也深知自己有力量去創造命運。獨立教我們知行合一，依自己最堅持的信念而活，並尋得自己內在的倫理規範與行為標準。

這些，就是獨立的本質。那是一種自我認知的心念能量，也是一種伴隨獨立而來的責任與喜悅。

獨立的心念練習

這個觀想練習，能讓你體驗獨立的心念能量之力量，而這力量其實一直在你體內。這種可明確感覺到的力量，能讓你不再懶怠、恐懼或無力，使你能自己掌控生命。如果你還未找到人生的方向，如果你覺得被世界打垮，或亟需突破生活現狀（比如離開原生家庭，擁有獨立的成人身分），都可做這個練習。

每早做這個練習，每次十到十五分鐘，至少做二十一天。你可能在二十一天結束前就看到效果，但做滿二十一天，能讓你獲得更均衡的成果。

靜坐著閉上眼。把注意力集中在肚臍，感受獨立的心念能量。它本來就無所不在，此時則會從肚臍流進你身體，讓你體內充滿一種溫暖的、強壯的感覺，這種感覺來自力量與良好的判斷力。接下來，將此流動的能量依序引導到你心臟、胸腔，再往上通過你身體到達前額，然後到你頭頂中央，再往下到你的後腦勺，而後進入你脊椎，並沿著一節節錐骨，直到你腹股溝。此時，能量會四散流向你四肢，充滿你的雙手雙足，以及手指、腳趾。這股獨立的心念能量，會讓你的身體變得活力充沛。

這樣的心念能量循環，要連續做五次。做完後，你就會看到這股能量流向你的感覺世界及實體世界，創造出無限獨立與成功的機會。

法蘭克林覺得自己總活在他人控制下。他是個沒法對別人說「不」的大好人，人們也就利用他這點。他覺得別人簡直拿他當個逆來順受的受氣包，隨意差遣使喚。

這樣的事，一直發生在他生活中；他的父母極具支配性，而他也總向他們求助，詢問人生的方向。最後，他變得對自己的意見與決定全無信心。

法蘭克林告訴我他想要改變這一切，變得強壯而獨立。在每早都做獨立練習一週後，發生了件讓法蘭克林驚訝的事：他公司的門房突然一改平時總是忽略他的態度，不但對他微笑，還彬彬有禮地招呼他。

再練習了兩週後，法蘭克林發現人們不再當他是個受氣包了。他已改變了自己的能量，變得獨立，而世界也感覺到他的蛻變，開始敬重他。人們對他有了新的認識，開始對「他是誰」感興趣，而不只是關心「他能為我們做什麼」。

法蘭克林的才能發光發亮，也廣受認可，因而在公司升了職。這都是由於法蘭克林視自己強壯而獨立，因此他人才會用同樣的方式看他。

死亡

死亡隨時可能召喚我們所有人。當它降臨時，我們該怎麼辦？恐慌？陷入混亂？保持安定冷靜？或只是試著忽視它，希望它趕快遠離？

人們在活著的時候死去。因此，你怎麼對待生，就顯示你會怎麼對待死。

我們往往不願思考死亡，因為死讓人害怕。然而，死亡自然而普遍，在我們的生活中，一直有些什麼在死去：一天的完結、一段關係的終止、你最喜歡的電視影集全劇終、離開一份工作——每一天，我們周遭都有許多事物結束。

當你死時，唯一會終止的，就是讓你從胚胎成長至今的心念能量。死亡並非生命的終曲，而是一首間奏曲；在其中，生命會經由心念能量的更高層次來自我更新，好繼續前行。當你死時，心念能量會緩緩消逝，從你身體裡完全釋放出來。你的心，會像是鬆脫的書頁被溫柔地吹散，而塑造了你的心念能量之本質，會繼續前進，製造出新的心念，附加於原有的心念之上。

死亡，可說提供了用全新方式思考的機會。在經驗每個死亡的關鍵時刻裡，你也會同時找到出口，引導你新生之道、調整你的思考方式。善於覺知人生中的死亡時刻，你就擁有無數浴火重生、展開新局的機會。

死亡的心念練習

當我們親睹或聽聞死亡，即是自我檢視的時機，看看自己有多了解死亡與我們目前狀況的關係。如果你瀕臨死亡，或很害怕死亡，不妨做這個練習。若你遭遇一個計畫或一段關係的結束，或相反地，若你覺得懸而未決的某事該盡早完結，也可以做這個練習。此外，當你想祝福逝去的人或寵物，並與他們的死達成和解，這個練習也能幫助你。但要記住，絕不可以對徘徊在垂死邊緣的病患做這個練習，只為加速他們離去。這樣做會讓他們在還沒準備好時，便落入死亡。

每天睡前做這項練習十分鐘，一週期做九天，休息三天後才能開始另一週期。

靜坐或仰躺著，閉上眼睛。想像你的身體開始消融於一池潔淨而閃亮的銀白液體。慢慢來，不要急。在這池液體裡，一切都消融了，所剩的只有你的心，以及去思考並感覺死亡之心念能量本性的能力。當你覺得與這股能量連結了，就引導它去重塑你自己。在這池液體裡，你的身體會被重新形構，煥然一新、活力盎然，而你的心、情緒與心念，也都會被整合得較以往和諧。

這樣，你就會與死亡之心念能量的威力結合，得見這場奇蹟與神聖榮光。

麥爾肯家財萬貫，生意做得很大。他認為他自己非常成功，永遠是勝利者。然而，在他六十六歲的那一天，一切改變了。他病了，長了惡性腦腫瘤。

他剎那崩潰。當他知道自己來日無多，他告訴我他很怕死。他說，只要我能治好他，他願給我所有財產。

我告訴他那並不可能，也非明智之舉。然而，他可以選擇與自己的死亡和解，走得漂漂亮亮，並祝福圍繞在他身邊的人。麥爾肯就像許多人那樣，覺得自己無法控制死亡或他死的方式，因而恐懼那個悲慘的結局。當我向他解釋，直到最後一口氣，人人都一直可以選擇改變時，他開始嚎啕大哭。

之後，麥爾肯開始每天做死亡練習，有時還練習很久。經過這些練習，他覺得自己終於克服了對死亡的恐懼。懷著清明的思緒與快樂的心靈，他在兩個月後辭世，走得毫無悲傷痛苦。之後，他太太告訴我，當她發現他終於了解真我為何，她覺得他比過往都來得成功，而她也比以往更深愛他。

覺知你的關鍵時刻

生命中的九個關鍵時刻，無時無刻不在我們周遭與體內，我們卻往往在它們日積月累、終於爆發後，才會加以注意。要知道，這些關鍵時刻乃是改變生命的潛在力量，當你能夠辨認這些時刻，改變也隨之降臨。連結上這九個時刻的心念能量，並時時注意它們的存在，你就能發現幫助你邁向更豐富、更滿意之生命的九種途徑。因為這樣的連結，能展現你的力量與能力，幫助你創造自己想要的生活。

這九種基本的心念能量，流動在你和他人一切所為之間。一旦你覺醒到它們的存在，你將發現自己生命的本質，並了知自己到底該做什麼。

第三章
你的工作

在西方，沒人會期待工作本身能有讓人享受的樂趣。工作不過是一種手段，好獲取金錢或權力、地位等目的。工作通常不是那種能引發榮耀感、福祉與自尊的活動。本教對工作的觀念相當不同。傳統本教認為，工作應該是家庭或團體的延伸，在其中，每個人都貢獻所有的技能，以支持團體。工作的本質乃是與他人互動，並透過互動提升活力，藉以獲益。只為了物質報酬而工作的想法，在本教中從不存在。

在西方，長時間工作並取得地位、財富、權力，往往廣獲欽佩。有企圖心會受讚賞，工作優先於家庭、自我或休閒的想法，也廣受認同。

在這樣的價值觀下，特別是男性，總被期望用所有時間與精力去工作，以換取成功，亦即位居要津、待遇優渥、普受尊崇。同樣地，女性也被要求能力強、擁有支薪工作。女性若只想做個好太太、好媽媽，只想在家工作而非在職場工作，常會遭人輕蔑。當然，並非人人都這麼想，想要改變工作認知的運動也方興未艾；但是，西方的主流觀點仍認為，工作是生命中最重要的層面。

對工作的這種想法，導致問題叢生。筋疲力盡、壓力龐大、健康衰退，早就司空見慣，而由於勞工遭受從背痛到情緒崩潰的諸般折磨，怠工也很普遍。許多人夾在家庭與工作間，焦慮萬分：男人苦著臉，不得不接受自己沒什麼機會從容看著孩子成長；女人則掙扎著兼顧工作與照顧家庭。

在西方，沒人會期待工作本身能有讓人享受的樂趣。工作不過是一種手段，好獲取金錢或權力、地位等目的。工作通常不是那種能引發榮耀感、福祉與自尊的活動。

本教對工作的觀點相當不同。傳統本教認為，工作應該是家庭或團體的延伸，在其中，每個人都貢獻所有的技能，以支持團體。工作的本質乃是與他人互動，並透過互動提升活力，藉以獲益。只為了物質報酬而工作的想法，在本教中從不存在。

工作與工作之外的生活，應維持理想的平衡，並像彼此的催化劑那樣相互給予刺激，或像兩株植栽那樣相互繁殖。倘若工作需要，人有時是有可能長時間工作，但期間絕對該有限度，不應持續過久。

若只為了得到金錢、地位與權力而做自己並不滿意的工作，這種想法與本教觀點背道而馳。自古到今，在本教團體中當然有人擁有地位與權力，但這來自他們的智慧、學問與對團體的貢獻，而非長時間工作或取得工作場所的主導位置。

本教認為，工作是個媒介，藉著它，我們的靈性與情緒都得以成長，而這就是工作對個體的首要益處。藉著工作，我們得以體驗自己到底是誰。有些個人層面，是我們自己都一無所知的，要在工作情境中才會顯現；而我們若能發現並領會這些層面，必將有所啟發。藉著工作，我們所需學習的關於自己與生活的事物，都將浮現出來，提供我們靈性與情緒成長的良機。

當西方遇到東方，本教觀點所貢獻的關於工作的想法與信念，是極具價值的。在這個西方人紛紛從工作生涯中醒覺、擺脫加諸自己之期望的時代，學習本教古老的智慧，並實踐在現代工作中，絕對大有好處。

本章中，我將概述靠著修持運用心念，以解決工作問題與困境的方法。你從事的工作適合你嗎？你工作超時嗎？你為壓力或疾病所苦嗎？你遇到職場霸凌，或你自己正是霸凌者？你不受賞識，或覺得自己和同事很難相處？你雖然得到經濟報酬與地位，卻覺得心靈空虛？

這些問題都可以簡單有效地解決，而解決的力量就在你身上。修持運用心念，是達到正面改變最具威力的工具。沒有人想要覺得被困住、被犧牲或孤立無援；實踐這些來自傳統本教儀式的簡單練習，任何職場問題都能迎刃而解。同時，在你解決所遇問題的過程中，你會更認識自己，並提升靈性。

如果你懷疑自己擁有改變的力量，不確定自己能夠獨自運用心念，也沒關係。你並不需要相信心念的力量；你所需要的，只是自動自發、好好地做心念練習，以及看結果。

你的工作適合你嗎？

做不適合自己的工作，你遲早會感到痛苦挫折。這樣的例子俯拾皆是：有些人恨他們的工作；有些人因為覺得工作在某種程度上太簡單、太困難、是錯的，甚至是不誠信的，而只能盡可能默默忍受。

我們選擇工作的理由有很多。有時我們是害怕或懷疑自己在世上的位置。這些懷疑自己能力或不確定自己定位的人，往往選擇看起來安全且可預測的工作，即使那些工作並不能真正滿足他們。然而，他們也可能選擇印證了對自己負面信念的工作；在這些工作中，他們被惡劣對待、薪水微薄，或實力被低估。

工作是一種自我認知的方法。檢視你的工作，你將知道你對自己的看法，以及你現在處於生命的哪個點。這是我們最有效的指引。若你坐擁高薪、身掌大權，卻工作得不快樂，那麼賺更多或做得更多，都不會讓你更快樂。

認清你的工作不適合你並著手改變，是需要勇氣的。為了改變，你必須克服各種艱鉅的障礙，而機會就在這裡，讓你從路上的每一步萃取智慧。對於你是否要留在原處，別人可能會提出各種反對或鼓勵，但你只需傾聽自己內在的聲音、走自己的路。想想當初是什麼讓你來做現在這份工作的，再檢視就整體而言，你的工作對你的人生有什麼貢獻。列出你的工作對你人生的正面及負面效應。

正面多還是負面多？你最深的衝動是想留還是走？

怎樣找到適合的工作

適合你的工作會有以下特點：

一、你會享受工作本身及其報酬。

二、能讓你維持一種均衡的生活方式，在這樣的生活中，你的家及家庭生活、你對自我的照護與靈性需求，都同等重要。

三、不傷害任何人，毫無欺瞞虛詐。

四、能讓你發揮才幹能力。

五、能與他人一起工作，彼此和諧共處、相互扶持。

六、能為你的生活創造一種滿足感，毫不自我欺騙、勉強將就。

七、你和你老闆的信念應協調一致。我指的不是那種公司使命的宣言，而是一種支撐著公司的基本信念。

八、工作環境應和諧而愉悅。

下列的工作心念練習，能幫助你找到適合的工作。在我的經驗裡，大多數人都知道他們真正想做的是什麼，只是被太多的「應該」與「必須」掩蓋。你得看進自己內心深處，讓你的願望浮現出來。

為自己工作

當自己的老闆是許多人的夢想，但只有極少數的人能夠圓夢。這樣的夢想可以令人興奮滿足又有成就感，但前提是，推動你為自己工作的心念能量必須夠強大，才能在不論境遇好壞時都引導你。

先自問為何想為自己工作。如果只為了錢，那就別想了。所有成功的自營人士，都是因為想變得有擔當、具原創性、創造成功又令人滿意的事物，以及想自己選擇工作與職業。

如果你是這麼想的，那就開始冒險吧：邁開步，踏入這片空白，對自己的心念能量有信心。這樣的工作方式並不適用所有人，但如果恰好適合你，那你就能藉這工作的庇佑，擺脫既有模式，吸引正面的新機會，以改變人生。無論如何，在邁開步前，你得先做以下的工作心念練習，以確定這是不是適合你的一步。

大衛來找我時，已經在一家鑄鐵廠做了二十年。他受父母影響，覺得工作保障是最重要的，因此在學校畢業後不久，就進了這家由一位家庭友人開的工廠。

雖然大衛並不特別喜歡這份工作，他還是留在那裡，表現得也很好。他不但升遷順暢，薪資也很優渥，足以讓妻兒過得舒舒服服。但是在大衛內心深處，他總覺得有什麼不對勁。他知道自己有些層面沒能在工作上實現；他想做點別的，卻不知該做什麼。大衛知道自己只是在謀生，而非真正地活著。對他來說，工作既無樂趣，也無熱情。他不過是在實現雙親及社會對他的期望，自己的靈魂則空虛無比。

他開始做工作的心念練習。幾週之後，他就確定自己必須離開現在的工作。大衛一直很有藝術創造力，也很渴望在這方面有所發揮，但他總覺得不可能這麼做，畢竟他無法靠興趣賺錢。然而，現在他了悟必須改變過去那種未經修持的心念，那樣的心念只會侷限自己的收穫；他知道自己必須修持心念，並引導這樣的心念能量創造自己真正想要的職業。

靠著謹慎的財務規畫與妻子的支持，他去念了藝術學院。如今，他已是位傑出而快樂的陶藝家。

工作的心念練習

這個練習能用於任何與工作有關的問題、爭議、困惑或衝突，極為有效有力。若能持續練習，效果更是快速。所以，如果你只能做一個關於工作的練習，那就做這個。你可以經常練習；我有許多求診者都規律地做這個練習，以解決他們所面臨的任何工作困境或問題。這個練習能讓你廣羅訊息、立獲洞見，停止未經修持與負面的行為及事件，轉而創造正面的改變，邁向成功。切記，在做練習時，要對自己應用在練習上的方式負責，並覺察你面對的問題的本質。

用自己覺得舒服的姿勢坐在地板上或椅子上。閉上眼睛。聆聽自己的呼吸幾分鐘。

現在，將心念完全專注在你的工作難題或疑問上。在你的心之眼，你會開始看到這個難題或疑問，緩緩形成一個小小的銀色反光球體。用你所有的關注與專注填滿這個球體。當它填滿時，你會看到它從銀色反光球變成一個脈動著的深藍球體。

現在，在你心中，用極快的速度，將這個深藍球體射向你所專注的問題，看著問題穿透這個球體的每一層。而在你用心念之速度射出這個球體的同時，也張開眼，從嘴輕緩從容地吹出一口氣。

當這個球體任務達成，就會帶著答案、解決之道與新的力量，返回你心。你可能要等個幾天，也可能只要等幾分鐘，這都依你問題的狀況而定。

球體返回後，你會看到它開展成四部分，裡面充滿它所收集的心念能量。此時，用你的呼吸吸入這些心念能量，並在呼氣時，想像它們變成你的一部分，這些能量，就會變成你能領會並運用的訊息。

過度工作

工作過度是西方社會的大問題。過去這三十年來，「工作成癮」（workaholism）的文化已成了一種流行病，許多老闆都把期望員工超時工作視為理所當然。工作過久過勞的人，往往過度認同工作，也就是說，他們把工作當成了自己。如果工作消失，他們會不知要認同什麼，頓時身陷危機，既喪失自我感覺，也失去生命方向。

你越過度認同你的工作，就越遠離內在的心念能量，最後，還可能無法發現內在的心靈潛力。過度工作的人，總是試著控制事物的本質，然而，工作的價值只有你才能給予，因此你得賦予工作真正的評價。過度工作及過分認同工作的人，生命會失去平衡，不但自己飽受煎熬，也讓親友等親近他們的人受苦。

如果工作占據了你大部分的時間、生命與精力，你遲早會被自己搾乾。要在工作上充滿創意與活力，你得了解自己人格中的哪一部分可以貢獻給工作，哪一部分則得用來滋養私人生活。當你開始鬆綁與工作的關係，你將能重獲大量的心念能量，將它引回你的內在世界，好提升你生命的品質。

相反地，過度工作的人，往往會一直對他們的工作環境做出反應，因為那環境的能量會將他們拉入並定在那兒。

如何不再過度工作

開始注意你到達上班處所和離開時的感覺。你周遭有什麼樣的能量，你上班的地方又會對你造成何種影響？你對工作環境的反應很可能是被制約出來的，因為工作環境的能量非常強大，會將你拉入其中。如果你陷入這種狀況，就要開始送出心念能量，好淨化你的工作環境。

靜坐著，用幾分鐘觀想一叢火，想像它燒掉你辦公室所有負面能量，讓辦公室變得清新純淨，好準備迎接嶄新的、經過修持的心念能量。每天做這個練習，直到你不再感到辦公室那股攫住你的能量。一旦你擺脫它，你就能改變生活方式，拒絕過度工作。

西雅是個非常出色的律師，她在很年輕的時候就成為公司的合夥人。這對西雅意義重大；她開始比以前更投入工作。她工作得越多，就擔起越多工作，也就有越多工作等她做。辦公室有些助理開玩笑說，不知道西雅晚上有沒有回家，因為她總是在辦公室。

西雅有個未婚夫，雙方在念書時就認識。他現在是個醫生，但他不像西雅，他不讓工作掌控他的生命。西雅對工作的偏執，讓他挫折感越來越重：西雅在極少數不上班的夜裡，也不斷談論她的工作，還把工作帶回家；即使在派對與其他社交場合上，她談的也幾乎都是自己的工作。最後，西雅的未婚夫取消了婚約，告訴西雅他不可能和一個把工作視為生命的人結婚。他希望有時間能經營兩人關係、與孩子相處，並共同享受人生樂趣。

西雅對此震驚不已，傷心欲狂。她愛她的未婚夫，不想失去他；但她也愛她的工作，不能想像生活中沒有它。

我要求西雅注意一下她工作周遭的能量，而她很快就開始感覺到辦公室有股拖著她的強大拉力。西雅開始對她的辦公室送出淨化能量。幾天後，她覺得不論何時她到辦公室，感覺都不一樣了。

除此之外，她也做工作的心念練習。她變得能誠實面對自己的心態與信念，最後終於能擺脫對工作的過度認同。她還開始逐漸了解，其實她仍能用工作評價自己，也可以在合理範圍內工作久一點，當作是對自己股份的貢獻。她越做這個心念練習，就越感受到自己的生命能量；這能量曾經變得非常低微，如今終於活力重現。她開始發展工作之外的興趣，不再只談、只想工作。現在，她視工作為生命中的一部分，而非全部。

半年後，西雅的未婚夫驚喜於她的改變，欣然回到她身邊，兩人遂共同期待更快樂且均衡的人生。

力量的運用與濫用

自我傳授各種練習之道以來，我見過許多非常成功的權威人士。他們有些經營公司企業，有些享有盛名，有些則在政府極具影響力。他們大都賺錢無數，也享受著財富帶來的地位象徵：豪宅、名車與海外旅遊。

有趣的是，這群人有些很滿意他們的工作，有些則不。他們有些人可能會因為健康或情緒的問題，而來就教於我，但基本上還是很喜歡自己的工作，有些人則真的很不快樂。對後面這些人來說，財富與地位都像是負擔，他們身體病痛不斷、心靈空虛不滿，生活過得奇糟無比。

是什麼讓這兩群人如此不同？當然不會是他們工作的性質，或是所獲財富、成功的差異。讓他們不同的，是他們對待工作的方式。讓我舉兩個例子說明。

約翰在一家大企業位居領導要職。他設定目標，很快就爬到公司頂端，也贏得大筆財富。約翰認為，公司會有今天，都要歸功於他的努力。他自視完美無缺、不可侵犯，把其他人都看在腳下，還覺得大家都該把他當偶像來崇拜。他很少讚美或重視員工，相反地，他介入每個人的工作，什麼事都要弄得一清二楚，因為他不相信任何人（即使是資深經理）能把工作做好。他甚至連自己出了錯，都要怪到員工頭上。他自大傲慢，在眾人面前也對員工大吼大叫，動輒輕蔑，還希望他們都長時間工作，永遠公司第一、家庭第二。

不消說，約翰很不受歡迎。在工作上必須接近他的人假裝喜歡他，但約翰知道他在工作上沒有真正的朋友，也覺得自己非常孤立。不過，約翰總覺得這不是問題，只要人們都怕他、都做他想要的，讓公司賺錢就好。

一切終於有所改變。一天，約翰的私人助理說她要離職，因為她再也受不了他的霸凌作風與粗野態度。這是第一次有人敢正面對抗約翰，讓他很受震撼。

約翰來找我時，顯得緊繃而憤怒。他告訴我，他知道大家都恨他，但他認為那沒關係，可是現在他開始了解那會造成什麼問題。他從獨掌大權與造成別人生活悲慘裡，得不到任何真正的樂趣。在我們之後的會談中，約翰發現到他不快樂已經好幾年了，也一點都不享受這份工作。他只是在強迫大家前進，並把自己的不快樂擴散到周遭每個人身上。

一個月後，約翰辭職了。他用了一整年旅行、與妻子共處，以及重新思考。既然他沒必要重回職場，他決定就其能力範圍，去做慈善工作。我最後一次看到約翰時，他正為一家兒童慈善基金會工作，顯得放鬆而滿足。

麥克斯是家頂尖的汽車公司的行政總裁，他們專做昂貴的頂級轎車。從麥克斯八歲那年，坐進父親友人開的這個牌子的車後，麥克斯的夢想就一直是為這家公司工作。麥克斯沒想到自己後來真的進了這家公司，得以駕駛這些優質名車；他滿懷的熱情始終未曾褪色。

麥克斯相信，對任何人來說，工作都應該是樂趣，員工也應該得到盡可能的支持。他設立公司托兒所，讓人人都能彈性上下班，用休閒裝取代西裝與領帶，還要不管是哪個職位的人，都得試試修車。一年總有一次，他和他的董事們會花一天待在生產線，職員則花一天構想經營點子。

麥克斯不讓任何人超時工作，也願意傾聽員工的任何問題。每個為他工作的人都熱愛這份工作，也都長久待在這家公司。有些員工還是全家都在這裡工作。

然而，麥克斯因為感到精疲力盡，前來找我。他忙著照顧每個人，以致忘了照顧他自己。我告訴他，他需要遵照自己擬定的規矩，減少工作的時間。他所需要注意的只有這些，因為他做這份工作非常快樂，根本不想離開。他快樂的源頭，並非金錢與成功；他真正在乎的，乃是在工作中的欣喜，以及從經營一家成功而體貼員工的公司中所感受的愉悅。

我們很容易就能了解為何約翰不快樂，而麥克斯則樂在工作。約翰的問題是他太專橫

而苛求。他濫用他的權力。權力就像金錢，是一種流通物，用來交換想法、行動、心念與結果。一旦用錯方法，權力絕對無法帶來保障或報償。

在職場，只有在你創造的改變並非為了個人利益，而是能嘉惠眾人時，權力才會幫助你，也才會發揮效益。這就是麥克斯成功運用權力的方式。

壓力

要完全沒有壓力是不可能的；壓力時常出現，讓我們覺得被什麼壓迫著，而這本來就是人生百態的一部分。壓力本身其實不是件壞事，它可以讓人精力充沛，興致盎然，隨時躍躍欲試。要趕上一個目標或期限、完成一場協商、適應一份新工作或組織動員人們，都會是一種正面的壓力。

然而，當壓力讓人感到沉重難擋，以致愀然不樂時，就變得負面了。因此，我們有必要去認識壓力，並加以包容。負面壓力可能來自其他人的行為、不合理的要求、你自己加諸身上的壓迫，或是你對工作的不滿。

本教認為，壓力只是一種未經修持之心念能量的形式，是你對它的反應，決定了它對你產生的影響。如果你認同了別人的負面心念能量，也就是他們的恐懼、煩惱與期待，那這些可能就會對你造成很大的壓力。如果壓力重複到一定程度，還可能讓人上癮。如果你會很固定地感到壓力，就有必要去覺察它並改變它。你可以選擇與壓力協商，用一種平靜的、調和的方式工作，就能轉而獲得更大的生產力、創造力與成功。

重要的是，要認清是什麼情境、什麼人影響了你的負面性，再採取應對的步驟。負面壓力會導致情緒、身體、理性與心靈的問題。你必須趕快幫助你自己，而非空等狀況改變，或是等你的老闆或其他人改變事情。不論你需要的方式是什麼，改變你心念與生命的能力與方法，一直都在你體內。

你可以藉著贖出壓力儀式與工作的心念練習，來改變你心念能量的內在本質，並驅逐壓力。

贖出壓力儀式

靜坐著，將你感到的壓力與不快形象化。那可能是一個人，一種情境或你的工作。對此全神貫注，然後面對它、正面對抗它、挑戰它。現在，向壓力之未經修持的心念索贖，也就是說，把它從你的心中取走，給它最後通牒，命令它必須立即釋放被它箝制的內在智慧，永不煩擾你。告訴它若想保命，就必須在你面前消失，並

放開被它監禁的你的智慧。

這是我對壓力採取的所謂「冷血鐵腕」之道，效果立即可見。做了這個練習後，你會體驗到一種來自身體或情緒的訊息，告訴你練習奏效。你重獲自由的內在智慧，將在你做自己需要的決定與改變時，幫助你、支持你。

亞德里安在一家非常著名的軟體公司工作，手上有好幾個新計畫，還要帶一大批人。公司裡的每個人都很敬重他；他工作非常認真，對公司和所屬員工都極負責任。他總是第一個來辦公室，最後一個離開，就算在週末也工作，因此家人幾乎見不著他。

在十五年這樣的生活後，亞德里安終於出了狀況。他沒法集中注意力、失去幽默感、體重遽增、陰晴不定、常常突然吼叫，還週期性地昏沉嗜睡。在工作時，他試圖掩飾這些症狀，但在家裡就隱藏不住了。他太太對他的狀況越來越擔心。

最後，在絕望中，他太太帶他來找我。雖然他之前一直很抗拒前來，但他很快就開始談自己的狀況。他告訴我，他覺得自己擁有公司的一切。他沒受過正式教育，一切都從公司開始，也很享受成功的感覺。然而，現在他覺得精疲力竭、油盡燈枯。他沒法好好工作，覺得自己讓大家都失望。但他又不想放棄工作或另謀他就；他喜歡這家公司，工作給他的財務保障對他也非常重要。

亞德里安的問題是遭受壓力折磨。他的人生已失去平衡，他必須要改變了。我們談完以後，他開始了解其實他有許多選擇與可能。

我鼓勵他做buff出壓力儀式與工作的心念練習。雖然他不確定它們是否有效，最後還是同意了。

一週後，亞德里安告訴我，雖然他很難靜坐且保持專注——即使只是幾分鐘，他還是每天固定練習，且開始感到效果。他覺得自己比長久以來冷靜樂觀、能自我控制多了。

亞德里安繼續練習了幾個星期，這下，他的工作方式開始改變了。他減少工作時間，週末不再工作，也不再待到其他人都走了才下班。他學著把原先攬在身上的工作交給同事，授予他們更多責任。他開始享受與妻兒相處的時光，也期待週末與他們歡樂共度。

六個月後，亞德里安完全蛻變成另一個人。他的壓力症狀都消失了，看起來悠閒自在。

霸凌

雖然霸凌現象不常被提及，但在職場確實很普遍。一般員工會欺負他人，更可悲的是，許多理應樹立仁愛寬容好榜樣的老闆，也會是霸凌者。當霸凌現象發生，霸凌者與遭霸凌者其實都經驗著同種未經修持的心念能量，只是他們經歷的是不同部分。這種能量，叫作恐懼或憤怒。

霸凌現象對職場的每個人都不利，不管他們有沒有被直接捲入。它會影響工作團體的每一部分。當霸凌意欲欺凌或傷害某個受害者時，就會造成不幸。

人們在職場所表現出的自己，常比在生活的其他層面要真實得多。職場是我們顯現自己所需學習、自己所知與自己所是的地方。

被霸凌者與霸凌者，都是他們並不真正了解的劇本中的演員。他們都在與存在於職場及自己心裡的恐懼與憤怒戰鬥，吸引對方來扮演對手。他們將自己閉鎖於這場生存之戰，而只要這場戰爭繼續，他們每天都會把自己輸掉一點，也輸掉與他們一起工作的同事，以及他們所工作的組織。從小商店到跨國公司，這樣的過程都不停在上演。

你是霸凌者嗎？

要承認自己就是霸凌者，絕非易事。跨出這一步需要很大的勇氣，但這非常重要，因為霸凌行為實在造成太多破壞了。如果你正行霸凌之舉，你應該已經了解我的意思；如果你不確定自己是不是霸凌者，可就下列的指標來驗證：

一、心情說變就變，喜怒無常。

二、常對同事發脾氣，又在事後道歉。

三、拒絕聽別人的意見。

四、苛求他人，過分獨斷。

如果你覺得自己可能是霸凌者，你得知道你正藉由心念與行為，把自己的恐懼與憤怒移轉給他人，遠離了生命的神聖美好。

你可以藉著下面這個儀式，療癒引起這種行為的心痛創傷，重新抱持慈悲。

淨化儀式

古藏人有個儀式，專用來淨化冷酷粗暴待人者，這裡的儀式則是簡化版。古藏人很嚴厲地看待霸凌行為，認為嚴重的霸凌行為猶如強暴般令人髮指。他們會用以下儀式，施用於發生任何爭吵或爭鬥的雙方。

放些原子炭在碗裡，再灑些杜松精油（西藏人是把杜松枝放在火裡）。杜松有顯著的清潔及淨化力量：它能清潔心念汙染，掃除心念障礙，洗滌心靈、身體與環

境。當然，如果你有杜松枝，用它也很好，只是點火的時候要小心，因為它燒得很快。點燃原子炭後，當它開始冒煙，讓煙霧和杜松香氣繚繞你，這香霧將滌清你所有傷人、欺負人及製造痛苦的欲望。你所剩下的只會是平靜之感，以及想仁愛待人的渴望。

莉迪雅是家廣告公司的老闆，因為健康出了問題來找我。會談時，我問及她的工作，顯然地，莉迪雅是個強勢果斷的女性，嚴格要求工作狀況及員工應有表現。

我問莉迪雅，有沒有想過自己在工作上霸凌他人，她相當驚訝，並堅持她不是。但在下次會談中，她告訴我她好好想過我說的話，終於了解雖然她並不想傷害他人，但她確實用一種具攻擊性的霸凌方式對待下屬。她對個人問題毫不包容，不留任何餘地給自己和別人。說到這時，莉迪雅哭了。她嚴厲的態度傷了自己也傷了別人，在某種程度上，還導致她的健康問題。

莉迪雅實行了淨化儀式，告訴我她感到一種強大的幸福平和之感降臨她。重返工作數天後，她的態度就變得柔軟寬大多了，而這大大改善了她與下屬的關係。

你遇到霸凌嗎？

霸凌他人的老闆，其實是追隨者，而非領導者。他們追隨自己未經修持的心念能量，做著根本上是自私的行為，將他們未經修持的心念能量，濫倒至歸他們所管的人身上。然而，他們往往沒察覺到自己造成的不幸。他們遠離了給予及接受慈悲的能力，也遠離了對他人的心靈之愛。

一般員工在工作或生活上沒安全感時，也會霸凌他人。造成這種行為之潛在的、未經修持的心念能量，往往是憤怒，而這憤怒就如感冒般，是有傳染性的。這樣的心念能量在同事間散布，讓人人都體驗到別人的心念能量。霸凌是這樣轉移憤怒的：當憤怒盤上被霸凌的人，他或她會先強忍住這憤怒，再轉移到別人身上。下一個被盤的人，可能就在同個職場，也可能是在職場外，可能是家人，也可能是在商店、巴士或火車上遇到的陌生人。

常見的情況是，當一個同事霸凌某人時，其他同事也會有樣學樣，把他們的心念能量傾倒給這不幸的受害者。這種情況可能不完全算霸凌行為，而是找一種方式卸下自己的心念或情緒，移轉到他人身上。當然，他們並沒有權力這麼做。

應付霸凌

首先，思考情況之所以如此，你是否也有責任？你是否鼓勵霸凌行為滋長，就像與他們勾結一樣？這些都必須開誠布公。你是否有必要改變自己的心念過程與行為？

第二，在開始工作時讓自己保持心境澄明。讓你每天做的事情都為你帶來力量、成功與智慧。

第三，盡你可能，用心念引導最大程度的慈悲流向霸凌者。這是一種超越個人層次的慈悲，由你的心念而非情緒產生。它超然而專注，堅定不移。只要你一直這麼做，霸凌自會遠離你，你也將獲得力量、勇氣與洞見。

第四，如果你遭他人苛待，不管是直接被霸凌，或被濫倒心念與情緒以致負荷不起，就引導這負面心念能量沿著「霸凌轉移鏈」，回到本源。只要一有狀況發生，就想像自己蒐集所有這情境裡的能量，逐一經過轉移鏈上的每個人，將它送回給開始霸凌行為的人。這種返回的心念能量，會在霸凌者身邊聚集不散，直到他們開始經驗到自己對別人造成的苦難，停止霸凌行為。

引導未經修持的心念能量改道，效果快速可見，但前提是你得先修持心念能量，並保持它誠摯強烈，才有能力引導。將這未經修持的心念能量還給霸凌者，效果要比情緒爆發、身體暴力或不斷抗議好得多；後者只會供給霸凌者更多能量。

哈妮是一家廣告公司的祕書。本來一切都很順利，但在她任職三個月後，霸凌者找上了她。她的主管開始開起她名字的玩笑。一開始她並不介意，但後來，一切越來越惱人。他的玩笑開始帶有性意味，她若不回應，他就譏諷她的工作表現與智力。他拿她的金髮做文章，說她是個金髮傻妞。

其他同事都看到這一切，但沒人說什麼。

哈妮開始覺得自己病了，懷疑她主管說的是否都是真的。她信心全失，開始憎恨上班，甚至還夢見自己被霸凌。

哈妮來找我時，顯得身體不適、鬱鬱不樂。在她接受包括按摩、藥草及針灸的藏醫療後，我教她工作心念練習。她一開始做這個練習，就覺得能量與勇氣都回來了。她開始將慈悲引導給她的主管。

有一晚，哈妮因為工作必須留到很晚，她主管竟對她提出進一步的要求。哈妮保持嚴肅，不發一語地離開，之後她很快就被炒魷魚。哈妮沒有哭，沒有哀哀自憐，她直接向總經理抗議。一開始，總經理拒絕見她，但哈妮很堅持，告訴他她的遭遇。他後來說會再想想這整件事。

一個月後，哈妮受雇復職，發現她以前的主管離開了。三年後，她自己就是主管，且是個好主管。哈妮相信，她之所以能擁有反擊的勇氣並改變狀況，都是工作心念練習的功勞；這個練習讓她的心念變得澄明精確、慈悲有力，又效果立見。直到現在，她都還用心念練習幫助她解決工作上的爭端與問題。

懷才不遇

如果你覺得在工作上不受賞識或被低估實力，你可能患了「自憐」症候群。

暫時覺得被低估是一回事，通常只要和適合的人談談，或在必要時換工作就能解決。但如果你總是覺得被低估，那這裡面的問題，就絕對不只是一個毫無識人眼光的老闆。

抱怨極具破壞性，因為語言就是我們心念的居所。你怎麼說話，你的心念就怎麼運作。

就西藏傳統觀點，一個常向他人抱怨自己運氣差、覺得自己很可憐或責怪別人（例如上司或同事）的人，就是在創造並散播具破壞力的負面心念能量。你越是這麼想，這種心念能量就越把你陷在裡面，讓你的狀況永無改善之日。

在這種人周遭的人，很快就會像他們期待的那樣，對他們態度惡劣，要不就是遠離他們。這是因為負面心念能量在擴散後，又反射回你身上，影響你的程度也與日俱增。你所製造的「心念癌」極具毀滅性，在你身邊的人常會感到病痛倦怠、悶悶不樂，而這都是受你心念能量影響的結果。

無論如何，如果你被這種能量所害，還是有辦法遠離；而如果你受困於自憐的陷阱，也仍有機會得救。

避免「自憐者」的心念能量

全神貫注在「自憐者」身上。起心動念要純摯澄明，凝神於自憐者的話語及聲音，直到你在這表象後面，看到自憐者心中某處正乞求著愛。

現在，投射出一枚西藏稱為Zor的念飛彈或念彈（thought bomb），將自憐者的嘮叨話語與抱怨行為炸成碎片。爆炸並非發生於瞬間；這樣的過程相當柔軟溫和，往往要花上幾天到幾個星期。當你發射Zor時，可在那時就訂下運作的時間限制。

改變「自憐者」的心念能量

每天早上，在工作前花十分鐘做這個練習。

專注於你話語的性質與你的聲音，注意你使用的字眼與措辭。現在，將平和與滿足的心念能量，引導到你的抱怨裡，讓自己感覺到世上萬物皆好、凡事皆為應然。

做完這個練習後，你會發現自己失去抱怨的欲望，滿心只想談論好消息。

湯瑪士第一次來找我時，是在一家保險公司當職員。他並不特別喜歡這份工作，但他覺得如果他上司能適當地賞識他，他一定會覺得好過多了。湯瑪士渴望被讚許，整天都在觀察他老闆喜不喜歡他，卻又老是誤解狀況。

湯瑪士吃午餐時，都在跟同事抱怨他老闆有多沒大腦、多沒識人眼光。他告訴任何願意聽的人，說他工作有多辛苦、能力又多被低估。漸漸地，他同事都受不了他，不再給他善意的建議。湯瑪士很快發現自己得獨自吃午餐，更覺得自己可憐。在這同時，他上司也被湯瑪士忘恩負義的行為激怒，對他更粗魯了，還不時躲著他。

湯瑪士不知自己哪裡做錯，他覺得他做的都是對的。直到我們會談時，他才了解自己所製造的模式。他還告訴我，他前一份工作也出現類似的情況。

湯瑪士開始做改變「自憐者」的心念練習，發現在一個月內，工作狀況就有了改變。當他抱怨的欲望消失，他的同事又聚攏過來，上司也變得親切多了。湯瑪士不再渴望被讚許；現在，他自己就能欣賞且尊重他自己，也知道工作快樂與否，都操之在己。

是夥伴還是敵人？

職場關係常與各種工作計畫相關，這樣的友誼常伴隨著關於信任、安全感、溝通以及恐懼的複雜議題，也因此常是緊張不安，或根本難以建立的。

要創造理想的關係與友誼很花時間。第一步，你得先觀察人；接下來，你要直接對每個有所互動的人產生心念能量，而這全靠你的直覺。不管你對某人的第一個感覺是「這是個好人」，或是「我恐怕不能信任這個人」，都先保存這個心念能量，而後在每次遇到那人時，就喚起並傳送你對他們的感覺。藉此，你會自動知道正確的相處之道，包括你該怎樣對待那個人、與他們要如何溝通、你們相處的界線又在哪裡。

舉例來說，如果你覺得你不能信任某人，喚起那份心念能量，能保障你不至於錯誤地信任他們，或交付他們重要的任務或訊息。

當然，隨著時間過去，當人們顯出其他特質後，你有可能進一步改變對他們的看法。但直到你擁有更多資訊前，跟著直覺走絕對是個好方法。

修持心念、改善工作與事業的十種方法

任何時候，使用這些方法都能讓你工作得更滿足、更和諧。

人。高標準能讓你的心思澄明。

修持心念，善用在與他人溝通之道，你會發現怎樣與邂逅的每顆心靈、每個靈魂溝通。

工作智慧會告訴你怎樣發現自己的潛力，並以此嘉惠自己及眾人。讓你的工作智慧發亮，讓每個人都能看見你的光芒。

運用智慧、好好思考、好好工作，你就會過得很好。

第四章

錢真正的價值

錢的心念能量，意味著吸引錢財近身的能力，以及懷著智慧及寬大心胸使用它的能力；意味著知道對自己來說，有多少錢就夠；意味著懂得不管是貧是富，都不用錢來定義自己。在本教的觀點裡，切忌用自私或不顧他人的方法取得金錢；否則你很快會失去這些錢，或因錢帶來不幸。不變的黃金定律是：錢一定得用在眾人的較大利益，取得時也務須顧及眾人之利。

從出生開始，我們就漸漸接受錢是人生的一部分。錢與人類的關係歷史悠久；人類一直都有某種形式的以物易物或買賣交換。從交易與文明最古老的例子開始，錢就顯現了人類創造、建構並控制環境的欲望。

西藏本教認為，最重要的不是錢，而是錢背後的心念能量，因為這種能量對我們的影響極為深沉。同樣地，讓世界轉動的不是錢，而是錢那威力驚人的心念能量。

本教也認為，我們所用的錢的形式，會一再演化改變，但錢背後的能量則永遠不變，且會一直強烈影響我們。因此，我們必須了解這種心念能量並予善用，好嘉惠他人與我們自己。善用錢的心念能量，繁榮昌盛必可期。錢不會真的創造快樂，但它能減少受苦，也有助於創造快樂所需的條件。無論如何，為了改善物質環境、擺脫窮困，我們必須技巧且小心地使用錢的心念能量。錢的心念能量自有一套倫理規範，是我們必須遵循的。

錢的心念能量，意味吸引錢財近身的能力，以及懷著智慧及寬大心胸使用它的能力；意味知道對自己來說，有多少錢就夠；意味懂得不管是貧是富，都不用錢來定義自己。在本教的觀點裡，切忌用自私或不顧他人的方法取得金錢，否則你很快就會失去這些錢，或因錢帶來不幸。不變的黃金定律是：錢一定得用在眾人的較大利益，取得時也務須顧及眾人之利。

古時候，用錢乃是一種權力，並非人人可行使。但在現代，用錢成了人們的日常經驗，還往往帶著情緒投入。對絕大多數人而言，錢觸手可及，而在用錢這共同經驗背後，隱藏著巨大的、整體的心念力量。不管是你口袋中的錢，或你銀行帳戶中的錢，乃至你渴欲或需要的錢，都懷有人類對錢的情緒與心念。由於錢能表現這麼巨大的能量，它也能展現物質世界中不變的真理。透過錢，我們能學到關於自己的重大事實。

為了對錢有實際面、靈性面的理解，並懂得智慧地使用它，首先，你得發現自己與錢的關係，以及你對錢的心念、情緒與信念。等你了解這個，錢的心念能量便不再抗拒你，而會開始為你運作，你就能創造生命中靈性與財務的真正財富。開始了解錢的心念能量後，你也將發現自己與物質世界之連結的本質，並進一步了解物質主義（materialism）的智慧，明瞭它亦有助你發展靈性。

本章，我將說明錢的心念能量之誘人上癮的一面，也會討論人們不該恐懼貧窮及金錢本身，因為那恐懼已主宰了太多人，帶給他們不幸與匱乏。我還將解釋怎樣善用錢的心念能量，並經由一些簡單的練習，創造生命中永久而可貴的富足。

錢的價值

什麼是錢的真正價值？西藏本教認為，錢的真正價值，在於為獲得實際成果的心念能量運用。換句話說，它的價值在於我們怎麼看待它，以及我們所創造的富足或匱乏——這都視我們有否修行心念而定。

每個人都與錢有個人的、家庭的歷史脈絡，而這也影響了我們怎麼看待錢的價值。錢對你的家庭可能不怎麼重要，也可能非常重要。由於歷史不同，我們對錢投入的情緒與行動也不同。要發現自己賦予錢什麼價值，不妨想想下面的問題，看看自己感覺如何：

- 若你的錢全沒了，你會有什麼感覺？
- 你渴求比現在更多的錢嗎？
- 你會大方與他人分享你的錢，或慷慨捐贈嗎？

你對這些問題的答案，會幫助你了解自己賦予錢的價值。

不管你何時丟了錢、賺了錢、得到獎金或禮金、拿到工作薪資，這些你得到或失去的錢，其實都來自你還是胚胎時就開始發展的內在心念能量。因此，你現在擁有多少錢，都直接與你的錢的心念能量相關，也清楚顯示你的能量有否經過修持。

你對錢隱而未見的心念能量——包括你與它的關係，以及想怎麼使用它，大大影響了你怎麼擁有或失去它。我們很容易在金錢上落入未經修持的心念模式。記住，錢本身並無欺詐、貪婪、吝嗇或不值，但它背後的心念就不一定；然而，這種未經修持的心念能量，只要我們想改，就隨時能改。如果你用對方式，力持平靜、正面且均衡，你就能創造比現在更多的財富。

對錢過度認同

當世界變得越來越小，人們對錢與安全感的集體焦慮，卻變得越來越大。這是因為人們越來越相信錢，勝過相信自己。錢的心念能量有一誘人上癮的面向，要人們完全專注於它，而這會造成人們過度認同錢：人們會相信自己「就是」他們的錢，並拿自己擁有的金錢數量，做為他們身分及價值的度量衡。

人們很容易就會過度認同錢，並被這認同所控制。從赤貧到至富，每個人都會在某些時候犯這毛病。

回答下列問題：

一、你總是想到錢就覺得焦慮嗎？

二、你最怕的就是貧窮嗎？

三、你生命中的重大志願與目標和錢有關嗎？

四、你每天都會想到並數算自己有多少錢嗎？
五、沮喪的時候，花錢會讓你開心嗎？
六、你用價錢來判斷事物的價值嗎？
七、你只顧表面上有多少錢，不顧帳單和銀行結算單嗎？
八、你相信有很多錢能讓你快樂嗎？
九、你認為只要薪水高，任何工作都值得做嗎？
十、你相信自己並不真的值得很多錢嗎？

你給的肯定答案越多，你對錢的認同就越大。如果你說「是」超過五次，就表示你現在過度認同錢，而這正侵蝕著你的生命。

在高度物質化的西方社會，人們很容易就過度認同錢。如果你也是其中一員，你很可能有一大堆關於錢的問題：貸款、不智的花費或投資、追著錢苦苦奔走、變得吝嗇卑鄙。

要與錢維持健康而有創造力的關係，你得先了解錢與你是各自獨立的。你不是你的信用等級、銀行存款或債務。若你沒能對此警醒，心理與靈魂就會開始貧瘠，並因而落入生存需求的陷阱。如果人們相信他們沒了錢，就什麼也不是，那麼即使他們很有錢，也會因為錢而不幸。

錢是一種情緒性的力量，需要小心照顧、好好尊重，因為它背後的心念能量，最愛去控制那些不好好用它的人。

絕對不要熱中追逐錢，以致落得認為自己就是錢。你得清楚了知，不論你有的錢是多是少，你與錢都是各自獨立的。

勞倫斯是個富翁，他享受賺錢，熱愛「玩」錢：他天天挪動不同帳户裡的金錢分配、轉換投資方式，只為享受賺更多錢的快樂，不論自己花不花得完。

一天，勞倫斯玩過了火，把錢都賠光了。如此晴天霹靂讓他幾乎一夜白髮，整個人顯得又老又病。他雖然只有四十七歲，但他早上幾乎無法自己下床。他的生命頓失方向，覺得自己倒楣透頂。

勞倫斯的太太法蘭西以一種很不一樣的方式應付危機。雖然她享受富裕，但她並不介意變窮。她覺得只要還保有健康、老公、孩子及一個家，就夠幸運了。她多年沒工作了，但現在她到外面謀了份職養家。當勞倫斯悲嘆自己的不幸、哀哀自憐時，法蘭西在工作中發現自己頗具業務天才，也交了不少新朋友。

直到法蘭西受夠了勞倫斯的行為，威脅要離他而去時，勞倫斯才開始好好反省自己。他發現自己一直都為錢而活，自我價值也全賴錢而定。沒有錢，他覺得自己是個窩囊廢。

他注意到，不過度認同財富的法蘭西，處理這個危機的方式有多不同。法蘭西的振奮樂觀與勇氣，讓勞倫斯慚愧不已，他終於振作起來，重新出發。他開了間小公司，專做自己曾經很有興趣的骨董買賣。

法蘭西與勞倫斯共同重建了他們的生活，也改變了人生優先順序。現在的他們雖然不有錢，但需要的東西全有了，也過得很快樂。

對貧窮的恐懼

很多人都恐懼貧窮，這種古老的恐懼，是經由世世代代傳承下來的。在西方，極少人真的苦於貧窮，即無法滿足生存基本所需；許多人之所以覺得自己窮，是因為社會給我們壓力，要求我們要變得富有，告訴我們財產越多越好。由於恐懼失去財產，許多人不但無法享受，還緊抓著擁有物不放，就像溺水的人攀附著岩石。然而，恐懼貧窮只會吸引貧窮，讓我們無法擁有經濟無虞、心境平衡、心靈滿足的生活。

若你恐懼貧窮，就表示你內在未經修持的心念能量，引來障礙困住你，阻擋你成功，讓你難享物質豐沛、心靈提升的生活。你必須移開這些內心的障礙，擺脫對貧窮的恐懼，因為它會造成極大的壓力與不快樂。對貧窮的恐懼，不只影響個人，還影響到人類全體；

當它夠強大時，不論大小企業、銀行、團體，都會被它影響。

貧窮及其伴隨的障礙，會變幻成許多形式出現。由於全人類都住在同一個星球，貧窮會像四季一樣，從這個形式變成那個形式，在不同地區出現。當非洲災民苦於物質貧窮，其他地區則苦於情緒與心靈的貧窮。比如在西方，雖然大多數人都有家可住、衣食無缺，但心靈卻貧瘠無比。

貧窮是種古老而強烈的心念能量，就像戰爭，是種可直接連結所有人的心念能量。由於我們被各自的心念連結在一起，這種心念能量又來自遠古、近代、現在，以及等待著我們的可能的未來，因此，我們必須努力克服心中及世上對貧窮的恐懼，否則它遲早會影響我們。若我們不理會他人的苦難，就是不理會自己的苦難；同樣的，若我們克服內心對貧窮的恐懼，也就對世上這場克服恐懼之戰稍稍有所貢獻。要幫助遭受物質貧窮之苦的人，我們除了提供食物、醫藥、教育、和平協議與政治調停，還可以透過修持心念、運用能量，來支持他們、創造成功。

心念練習：克服對貧窮的恐懼

靜坐著，閉上眼睛。專注於你的呼吸吞吐。隨著呼吸的節奏，放鬆身體，平靜

心靈。專注於這樣的平靜狀態幾分鐘。覺得準備好時，緩緩張開眼，大聲朗讀下面的咒語。包括標題的每一行都要讀出來。保持專注，滿懷熱情。

若你有需要克服對貧窮的恐懼，每天朗讀這篇祈請文兩次，並及早背起來。這篇祈請文對其他問題或障礙也很有效，因為許多問題都源於對貧窮的恐懼。

掃除障礙祈請

我心律動，如同他人
唯其時短暫
我息吞吐，如同他人
唯其時短暫
我甩脫恐懼，甩脫障礙
甩脫所有負面性！
我甩脫所有貧窮！
我踐踏，我粉碎所有阻撓！
我喚醒心靈

它承載無盡福佑
安住我身
我呼喚內在力量
讓我無所畏懼
（緩緩地大力擊掌三次）
願所有障礙從世上消失
（重複這行五次，緩緩地大力擊掌三次）
願人人得享福佑慈悲
讓我掃除他人的障礙，就像為自己所做
讓他們也活得平安快樂
（緩緩地大力擊掌三次）
我呼喚自己，此刻，豐饒之力量
已被慈悲與光亮滌清
帶來一切我所需
我召喚並祈請
體內富足之心念的力量

現在，現在，現在，現在！
我送出力量以改變我的世界
為我帶來意義與目標
透過心念，言語與行動
每一心念讓我的身心靈
都豐饒無比
（大聲擊掌三次）
就這樣，我有所創造
目標堅定，方向清楚
我與他人終可不受恐懼綑綁
（大聲擊掌三次）

潔妮是個老師，一直都很恐懼貧窮，而這為她的生活帶來許多障礙，包括經濟面與心靈面。這份恐懼變得越來越強大，最後甚至趕跑她的朋友、破壞她的人際關係，讓她無法享受工作，甚至剝奪她快樂的機會。

潔妮來找我時，身陷債務、戀情破碎、謀職失敗，還遭到朋友背叛。她非常不快樂，百思不解為何所有倒楣事都落到她頭上。

會談中，潔妮發現自己從幼時就很恐懼貧窮。她父母終年債務壓身，而她在成年後還大受此事影響。她害怕自己不管在人生的哪一個層面，都得不到自己想要的，由於她是如此恐懼，最後她的恐懼就成真了。

朗讀這篇祈請文兩天後，潔妮的生活開始改變；她感到體內的正念能量，已因她的呼喚甦醒，治療那害慘了她的貧窮恐懼，也試圖克服她的財務困難。

朗讀祈請文一個月後，潔妮的努力開始開花結果。她不再恐懼貧窮，也做了幾個改善生活的決定與選擇，讓經濟狀況好多了。她還清債務、重拾友誼，也有了新的愛人。

朗讀祈請文六個月後，潔妮開始體會到自己一直有的夢想：開一間學校。最後，潔妮順利募到了基金，設立了學校，現在，她的生活在各方面都比以前富有多了。

對錢的恐懼

對錢的恐懼，與對貧窮的恐懼緊密相關。它所真正害怕的並不是錢，錢只是其恐懼的焦點；它害怕的其實是表現出自我意志、心理與情緒，以對自己人生負責。不敢對人生負責，就會在很多方面表現出對錢的恐懼。例如，不付帳單、坐等債台高築、亂花自己根本沒有的錢，或是讓別人代管財務，卻全不過問他們怎麼行使，以及避免談與錢相關的問題、一談到錢就不知所措。

克服對錢的恐懼，是很重大的生命經驗。一旦克服，你會進入更深一層的覺知，對自己在世上的力量，也能獲得實際的理解。了悟錢的真正價值，會讓你發現自我的內在價值，讓生命邁向成功榮景。

鎖定你對錢的恐懼，朗讀上述的掃除障礙祈請。

創造財富

人們追逐錢，往往只為了擁有它。但在追逐的過程中，他們經常會損害到自己的情緒、身體與靈性。很多人把錢等同於物質力，但其實是創造了錢的心念能量擁有物質力。運用錢的心念能量，你可以創造讓自己富裕的條件，但這種未經修持的運用，很可能會嚴重破壞你的正直、人性與自我認知。快速致富計畫，若以浮動的貪欲與擁有錢的渴望為基礎，會有害情緒與靈性。你不能擁有錢，你只能引導錢；你是錢買給你的一切的看管者。如果你對待錢的方式不當，它會反擊回來，就像打你一巴掌。若你好好理解它、好好待它，它也會榮耀你。

現代社會鼓勵人們想像自己想要的金額，看錢向自己湧來，或全心全意致富、幻想自己變成大富翁。但本教認為這些行為都不正確。瞄準一筆你想要的錢，就是從某人那裡取走這筆錢。這種行為會為你吸引來黑暗的力量。

同樣地，不管你基於什麼理由覺得自己應該有錢，或怨悔你已放棄、失去或從未擁有的錢，都只會加強你通往富裕之路的阻礙。沒有人「應該」有錢；問題只是有沒有錢，而那都是不同的心念能量性質所致。

讓金錢財富進入生命的最佳方法，就是把你自己擋在豐饒之路的障礙，統統掃除掉。上述的掃除障礙練習對此十分有益，因此我們也要做這練習。掃除這些障礙後，通往新的心念能量、金錢與成功的路就展開了；不同於以往，這回你將能掌握適當的形式與數量。

唐在一家鐵路公司工作了二十七年，負責安排時間表與工程業務。此時，公司有了重大變化，唐很不甘願地被派去負責新工作，一直覺得自己無法勝任。他開始患上憂鬱症，幾個月後，他再也無法工作。

翌年，唐整天都待在家，一面治療憂鬱症，一面希望公司把他裁掉，好拿到遣散費。但因公司沒有裁員計畫，還是按月支薪給他，他也就拿不到那筆錢。這讓唐越來越憤怒。他詛咒老闆，詛咒公司，念頭始終盤繞在他覺得自己該得的那筆錢，他可是辛苦工作了這麼多年啊！

唐來找我，問我他要怎樣才能讓公司付給他那一大筆錢。我告訴他，他走錯了路。首先，他並不「應該」擁有那筆錢，而總是想著那錢，只會為他引來負面能量。第二，向他厭惡的人要錢並心懷怒氣，也是個大錯誤，因為就算他拿到那筆錢，也會一併引來那筆錢含有的負面性，那包含了他所有的憎恨與憤怒。唐震撼於我說的話，因為大多數人都叫他撐著，直到拿到遣散費。思量再三後，唐決定辭職，也徹底忘掉那筆錢。在辭呈上，唐感謝公司對他的寬容，也感激他們在他生病時給予的支持。

一寄出辭呈，唐就覺得如釋重負，頓時輕鬆不少。幾天之內，他的憂鬱症大有起色，三週後，他重拾對生命的熱情，決定要重新接受訓練，成為整骨師。唐釋放了貪婪與憤怒，擺脫路上的障礙，重獲健康與安寧。

在這種身心自由的狀況下，唐也吸引來富足。幾年後，唐開了間診療所，生意很好，收入要比在鐵路公司時多得多。

創造富足

修持心念並善用能量，能量就會引來適當的條件，創造富足。傳統本教認為，若為創造自己與他人的利益，這種重要的心念能量是可以發展出來的。本教學說告訴我們，有六種特質會影響你與自己及物質世界的關係，它們隨著你內在的活力、情緒、心念及生命經驗變化而沉浮。

若我們想引導心念能量、創造富足，這六種特質對個人內在發展，以及與他人達成協調，都很重要。雖然它們看起來不全與錢直接相關，卻都關係到修持並創造金錢心念能量，因為錢影響的是我們的每一面向。

做這個練習，可以幫助你改善特定狀況，或為你引來好運、創造富足。

六種特質

恰（CHA）

「恰」表示的是打造你一生的命運或潛力。「恰」是你帶給生命的能量，是你必須運用的潛力。它也是表現下列五種特質所有正向層面與面向的基本原則與力量。

「恰」能量存在你心中、心念、行動與生命的每一面向。因此，「恰」可說是一條引你走向結果的能量之路。代表「恰」的象徵之一是水，純粹、乾淨、透明的水。

王桑（WANGTHANG）

「王桑」代表富足、好運、個人力量，也與財務發展有關。這種能力可以了解生命中什麼可以改善或改變，提供你達到目標的能量與動機。「王桑」的象徵是大麥粒。

浪塔（LUNGTA）

這是一種可以保護你的能量，你的內在認知，也是伴隨著你的潛在好運之總量。「浪塔」表示你成功的能力，幫助你知道哪種成功最適合你。它的象徵之一是一塊透明的石英水晶。

呂（Lü）

「呂」關係到你生命力與健康的潛能，還影響到你的身心健康。「呂」的象徵之一是一小撮新鮮的土。

梭克（SOK）

「梭克」表示你的生命力；表示貫穿你與你一生的最深沉的心念能量；表示循環發生

在你身上的獨特課題。「梭克」也有許多種象徵，其中之一是少許新鮮奶油。

拉（LA）

「拉」是你生命中最基本的能量，是支撐著你、讓你安度人生順逆的根本力量。藉由「拉」，心念能量才能從宇宙進入你的人類意識與日常生活。「拉」的象徵是一小撮研磨鹽。

如果未經修持的能量或習慣、疾病，造成後三種特質虛弱或衰減時，你很可能會萎靡不振、活力低迷，覺得自己無法改變環境。

這六種特質亟需被喚醒，用以維持並促進你邁向富足、了解富足的能力，特別是與錢相關的部分，以及錢對你的影響力。

如何強化六種特質

要喚醒並強化體內的六種特質，有個很簡單但有效的方法，這方法可幫助你富足，讓你邁向富裕的各種冒險都能順利成功。比起我曾提供的練習，這個練習有一點複雜，但你若正確執行了每一細節，會非常值得，因為它極為有力有效。它是一個古老儀式的簡化版，這個儀式效力非凡、療效奇佳，也很安全。確定你準備好每一項所需物品，將它們靜置一小時。

儀式的意義

水、大麥、水晶、土、奶油與鹽，分別代表六種特質。擊掌表示喚醒你沉睡的能量，並提醒諸神關注你的請求。在頭上灑水，象徵你已被淨化。

本教學說深邃無比，像這樣的儀式，可以連接你與本教知識寶庫，喚醒你體內早已知道的。

每次練習一回，如果可能的話，每個月在滿月或新月時練一次。若狀況十分嚴重，每三天就練一次。如果你恰巧有個重要機會、有會要開、有樁商業冒險或任何重要事情，就在那天日出及日落時練習。

在地上或一張大大的厚紙上，以一隻腳掌的長度為直徑，畫一個圓圈。然後在這個圓圈裡面隔兩吋的地方，再畫一個圓。把第二個圓分成六等分，由左手邊開始，從一號到六號依序編號。

在第一個等分裡，灑下一些清水，並大聲說「恰！」在第二等分，灑下少許

大麥粒，大聲說「王桑！」在第三等分，放一小塊透明的石英水晶，大聲說「浪塔！」在第四等分，灑一些新鮮的土，大聲說「呂！」在第五等分，放一些新鮮奶油，大聲說「梭克！」在第六等分，灑少許鹽，大聲說「拉！」

都完成後，非常大聲地擊掌三次，向每一個等分鞠躬。

然後，依照你灑下物品的順序，逐一向每一等分鞠躬，並音調鏗鏘、中氣十足地大聲說道：「我召喚我的恰甦醒。我召喚我的王桑甦醒。我召喚我的浪塔甦醒。我召喚我的呂甦醒。我召喚我的梭克甦醒。我召喚我的拉甦醒。」

當你發聲時，你體內沉睡的心念力量就開始活化，淨化你的心與身。

現在，站起來，灑一點水在頭頂中央，說道：「我淨化我的恰。」然後擊掌一次。

接著，抓起一小撮大麥粒，灑在肩膀、胸部及心臟部位，說道：「我淨化我的王桑。」

再來，把一小塊透明的石英水晶放在肚臍，說道：「我淨化我的浪塔。」

再抓起一小撮土，灑在腳上或鞋上，說道：「我淨化我的呂。」

而後，拿起少許奶油，置於右手食指頂端，塗在雙眉之間，並往上塗到前額髮線處，說道：「我淨化我的梭克。」

最後，兩手各拿一小撮鹽，再把手掌合在一起，就像在洗手那樣，把鹽搓揉在前額，說道：「我淨化我的拉。」

完成之後，專注在一個讓你邁向富足、金錢或富裕的目標或計畫上。你要想的不是特定數量的錢，而是一個與錢相關的目標，像是一個新工作、工作計畫成功或清償債務。在圓圈裡的每一等分，清楚明確地寫下你的目標，或是大聲說出它，再用左手攫住你的話語，把它丟向每一等分裡面。實施以上兩個方法時，都要想著你的目標流入你身體的每一部分，而你的身體已為這六種特質及其象徵物所庇佑。

接下來，或站或坐，靜思你已進行的儀式。靜觀你的六種特質向世界延展而去，不斷活化、躍動，進而完成你期許的目標。

一切都完成後，如果你是把圓圈畫在地上，就用手輕輕拂拭，直至它消失。如果你是在紙上畫圓，就用火燒掉這張紙及上面的所有痕跡。記得用火時要小心。

潔德的雙親很有錢，這似乎保障了她的舒適生活。然而，當潔德來找我時，她看來苦惱不堪，且深陷經濟困境。

成人之後，她過得相當艱困，錢的問題不斷。她已結婚生子，夫婦倆都是藝術家。雖然他們都才華橫溢，卻始終未能成功，她丈夫還罹患重度憂鬱症多年。

潔德非常不快樂。他們已散盡家財，不知未來的生活要往哪裡去，也毫無前進的能力。潔德覺得自己的生活太悲慘，她想做點改變，學著怎麼賺錢理財。

我教潔德六種特質的平衡之道，而她的生活幾乎立刻就開始有了正面改變。她的丈夫看到這些變化，決定自己也試試看。漸漸地，他擺脫掉憂鬱症，在工作中發現新的能量與熱情。

潔德與丈夫開始一同在工作中找尋成功之道。他們增長的內在快樂與心境的富足，也帶來了物質的富足。他們共同發現了平衡與幸福。

吸引金錢

如果你想吸引錢，得先檢視自己的動機。你的動機不一定要充滿靈性或想裨益他人，但一定要是乾淨、誠實、值得你付出心力的。警戒貪婪、欺詐等未經修持的心念能量，它們會把錢從你身邊趕跑，而非吸引錢。

以下的五點計畫，能創造經過修持引導的心念能量，好吸引金錢，讓你經濟無虞。

一、每天花一小時，對你想要的財務成就的性質、結構與特質集中心念。一開始，你需要投入大量時間，以喚醒這個心念練習運作。對你想做的、想達到的，要

考慮得非常明確。

二、現在，確認你想要用多久時間，來達到你的特定目標或有所獲。可以是五分鐘、一天、一個月，也可以是一年。

三、接下來，傳送一份經過修持的能量，這能量必須清除你可能看到或預期到的障礙或問題。另外再傳送一份心念能量，去清除你還沒想到的任何障礙或問題。為了讓練習有效進行，你得想像有一柱火炬燒掉所有問題、障礙與困境。

四、此時，把心念能量向外送到世界，以吸引好運與前進的機會。想像錢開始流向你，帶給你平和、成功，並幫助你心境澄明。

五、現在，聚集上述所有心念，想像它們相互融解、混合，變成一個強大的心念火球。引導它進入眾人的心念能量，看它燒成一叢明亮而純淨的火焰。這叢火，能創造福祉，吸引錢立即流向你，且不傷及任何人。

這個心念練習一旦做得得心應手，你就可以不只在規畫成果時用它，還可用在影響會議結果、克服困難、達到目標、創造成功機會，以及把壞狀況變成好狀況。如果你好好地運用這個練習，一定會見效。

黛西想開個小織品店，卻不知要怎麼圓夢或存夠開店基金。

黛西知道在她的圓夢之路上，有兩件她恐懼的事阻擋著她：她害怕貧窮也害怕錢本身，而這其實是害怕被控制、害怕成功。她總覺得自己不配成功，而她阮囊羞澀的事實，更強化了她的感覺。

黛西做了掃除障礙練習數週，當恐懼消逝，她覺得對自己的目標大膽也勇敢多了。她覺得移除了這些恐懼是她改變生命的契機，現在各種機會的大門都向她打開。

她進一步做創造富足及吸引金錢的練習。在六個月內，她就找到了資助人，也找到了一間店面，有了完善的營業規畫。

做這些練習讓黛西了解自己對錢的態度，而這又怎麼影響她的生命。最後，黛西發現她人生的其他領域都改善了，包括健康與人際關係。

現在，黛西擁有六間店面，做得有聲有色。她還是每天做練習，當成觀想的方式，好修持澄明心念、創造美好生活。她也把這練習當成有力的企業工具，用以做出決定、克服問題、嘉惠員工及滿足顧客。

將錢與人分享

本教相信，將錢與人分享，就是把自己與人分享。如果你不把錢分享給他人，就會斷了與錢及他人的關係。與他人分享自己的錢財，是對那些不如你幸運或能幹的人付出慈悲或寬容的第一步。藉由把錢與人分享，我們往往會發現：我們過去讓自己變得多麼狹隘，而由於錢的運用，我們又在身邊創造出多麼有力的「舒適區」（comfort zone）。

如果我們與他人分享錢的方式適當，將能讓彼此有好的連結。與你認識的人分享錢也很可喜，不是因為能滿足自我，而是這份餽贈將在珍視與感激中被收受。

分享金錢的心念練習

做這個練習十分鐘。

用自己覺得舒適的姿勢坐著。閉上眼睛。傾聽自己的心跳，貫注所有心念心思。

現在，想想自己有多少錢，不管是多是少。想像這個數量融進你的心跳。融入之後，看著錢流向世界，就像心念能量將利益帶給他人一樣。

這個練習會透過你擁有的錢，連結你與他人，並幫助你發現你擁有的比自己以為的多更多，也永遠夠與他人分享。

托賓來自世上最富有的家族之一。他的生活享盡特權、優渥無比且財務穩定，但他總覺得少了點什麼。一天，他的一位好友破產了，生活堪虞，大多朋友也倏忽散盡，只有托賓還伴在身邊。

托賓想幫他的朋友，卻不知如何著手。他擔心若給那朋友錢，可能會是錯誤的選擇，因為他身邊所有人都這麼說。

我們會談時，我告訴托賓西藏本教中關於錢及分享的概念，他因此決定將錢與那朋友分享。後來，他的朋友重建起生活，不但還清欠托賓的錢，還又賺了一大筆財富。

現在，托賓與他的朋友一起與他人分享他們的錢，不求任何回報。他們幫助許多人重建人生、如願創業、實現夢想。他們也幫忙創立慈善事業，以及貧民區與鄉村的復甦計畫。

托賓從不立下任何書面契約，但他自己一直與修持心念有約。從未有人欺騙他。

在我與托賓最後一次談話中，他說「分享」讓他開始了解到，他其實只是自己所繼承的巨大家產的看管者。他盡力遵循自己的格言：「服務我的人類同伴。」托賓與他人分享好運的能力，讓他的心靈也無比富裕。

感謝

我們自己造成的雜務，以及未經修持、不必要的義務，往往主導了我們的生活。只有在我們懂得感謝時，才算真正活著。感謝是一種威力無窮的心念能量，因此，懂得每天感謝，我們將獲益無窮。

天天感謝，能讓我們連結上富足潛藏的力量。我們不只要感謝自己擁有的，還要感謝我們沒有的。感謝一切好壞事，也感謝生命中一切順逆境。感謝自己沒遇到他人遭遇的問題。如此，你就不會遇到這些難處，同時也減輕了他人的不幸。

感謝能打開你的心靈，而打開心靈就是感受他人的經驗。感受他人的經驗，乃是發展慈悲心念能量的第一步，這樣的能量能幫助他人不再受苦，帶給他們滿足、智慧與創造富足的力量。感謝還教我們每個人的特別責任，就是智慧地運用自己與全體的資源。感謝能減少憤怒、轉變貪婪、淨化欲望，而這些都纏繞在錢的體系裡。

感謝的心念練習

感謝能幫助你解決所有財務問題。

首先，列出你所有與錢相關的問題，再列出未被錢困擾的生活領域。接下來，列出你生命中所有的好事壞事。現在，像下面這樣大聲感謝每件事：「我感謝我有個好工作。我感謝我失戀了。我感謝我很健康。我感謝失去了錢。」

感謝能治癒逆境的痛苦，創造成長與富裕的新機會。它也能保障並加強你生命中所有順境的力量。感謝能帶來和平，美麗，並讓你洞見隱藏在所有富足事物背後的心念能量。

最重要的是感謝你自己。感謝現在的你，感謝過去的你，以及未來你將成為的你。

在你離去前

若你在辭世時帶走所有的錢，就好像緊抓你的心念能量不放，會造成你自己及後人不幸。本教學說認為，錢的心念能量能經由世世代代，從一個家庭成員傳到另一個。你要確定自己並未懷著或傳遞貪婪的、自私的或吝嗇的心念能量。

在你辭世前，你一定要做好遺產安排，確定你的錢財資產會到你選擇的人手上。在離去前，擺脫你與財產的關聯，會讓你的存在無比輕盈，幫助你走得平和安詳。

第五章 改善關係

本教認為，關係的基礎在於分享心念能量。彼此關係越強（不管是愛是恨），雙方所分享的心念能量就越強。關係的關鍵，在於發展個人心念能量，因為藉由這樣的發展，我們才能學會經營關係的技巧，並認清他人對我們的心念能量的本質。修持心念後的能量，能幫助我們正確選擇與誰連結，也有益我們經營、強化自己想要的關係。換句話說，關係的本質，是以我們的心念為基礎。

關係是人類的基礎。我們藉關係得到滋養，從關係中學習並茁壯。身為個體，身為人類種族的一部分，人人都會本能地想與其他人類相連。與他人相連的方式，決定了我們活得快不快樂、長不長久，以及我們會做什麼選擇。藉著與他人的關係，我們會發現自己在世上的位置，以及此生存在的理由。

因此，我們有必要以適當正確的方式與他人分享自己。不快樂的關係、寂寞與憎恨，都會破壞我們的自我感受，讓我們懷疑自己在世上的定位。

人人都擁有多種關係。我們有伴侶、孩子、家人、朋友、同事，還與更多人有所偶然連結：不管是在店裡碰到他們，還是在收音機裡聽到、電視上看到他們。即使我們不想與某人有任何關係，或甚至避開他們，彼此仍然存有某種關係。因此，不管關係是近是遠、是短是長，怎麼應對這些關係都很重要。

本教認為，關係的基礎在於分享心念能量。彼此關係越強（不管是愛是恨），雙方所分享的心念能量就越強。關係的關鍵，在於發展個人心念能量，因為藉由這樣的發展，我們才能學會經營關係的技巧，並認清他人對我們的心念能量的本質。修持心念後的能量，能幫助我們正確選擇與誰連結，也有益我們經營、強化自己想要的關係。換句話說，關係的本質，是以我們的心念為基礎。

下一章，我將檢視特定的家人關係，包括夫婦、孩子、父母及兄弟姊妹。我也將說明怎麼吸引一位潛在的戀人並與其發展愛情，又要怎樣正面使用性能量的力量。

然而，在那之前，我將先檢視友誼的本質。友誼追求兩人間的親密性，可說是貫穿任何關係的軸線，它的存在歷史悠久，可遠溯至文明還未發展、人類猶未進化時。友誼基於人類最古老、最本能的覺知：人生不是只有自己。在本章，我要說明友誼的精髓，建議你怎樣尋得想要的朋友及友誼。我也會探討怎麼修補出現裂縫的友誼，而在緣滅時，又該怎麼放手。另外，我還要說明如何深化你已擁有的內在關係。

關係的心念能量

西藏本教認為，不管你與某個朋友的交往期間是短是長，你們之所以會在一起，是因為你們對心靈覺知懷有相同的渴望，心念能量的力量才會打造出你們的連結。關係的心念能量，以我們的心念開始，也以我們的心念結束。我們的心可說是力量的儲存室，這種力量來自我們擁有的不同心念，每個心念都自成系統。你不妨把這些心念想成一個個電池，每個都能供給一定力量，也都有其使用期限。

我們的心念能量尋找著與他人的溝通方式，好在他人身上反射自己，以創造心念能量的強力互動。我們的心念可說是我們欲望的信使，將我們所想所求，傳遞到別人心中。這種傳遞心念的方式，早在人類誕生前便已開始，不知行使了多少年。因此，當擁有相似心靈的人們邂逅，彼此的心念能量就會連結起來，創造可觀的動力。回想這種經驗：有時你遇見某人，覺得自己早就認識他；有時你感覺到某人走進一個房間，覺得自己被強力吸過去，而那人就是你的朋友或戀人。這就是心念能量最強烈時的展現。還有些時候，你與他人的連結並不那麼快而明顯，而要多花一點時間；但這種連結仍可能持續久遠，並且強大無比。

關係能否長久，取決於關係發生時，關係人所產生的整體心念能量。一份關係會持續一天或一年，是膚淺或深沉，都要看關係發生時，所創造的心念能量連結。這也適用於各種事件、運動、國家與文化；它們能否長久，都取決於關係。如果一場偉大的藝術運動只持續了幾年，如果某些宗教與文化持續了好幾千年，如果一場國家節慶只持續一天……關鍵都在它們最初創造的心念能量。

你與自己的關係

學習謹慎、慈悲、誠實且有系統性地修持心念，會是我們給人類整體及自己最棒的禮物。如果我們想擁有快樂滿意又有建設性的關係，得先學著認識並了解自己的內在心念過程。

想了解內在心念，最佳辦法之一便是找到你的內在朋友（Inner Friend）。他／她是你自己智慧、慈愛、忠實的那部分，隨時都等著做你和別人的朋友。他或她，能與任何人、任何生物和諧相處，能與任何行業的人打成一片，也洞悉友誼的價值與重要性來自心念能量如何運用，因為這能量能聚合起人們。

調整自己、契合你內在朋友的心念能量，你就能習得怎樣建立安全穩固的關係，療癒關係中的傷口，並看清哪些關係對你有價值，哪些則否。你也會從你的內在朋友學到，你自己是哪種朋友、具有何種潛力，又為何會交現有的朋友。

總之，你的內在朋友一直在你身邊。不管人生或世界怎麼變化，你的內在朋友永遠引導你、支持你、愛著你。

召喚你的內在朋友

在身前放個乾淨的水碗，碗中放一塊原子炭，以及一瓶杜松精油或一些杜松果。接下來，點燃原子炭，在炭放上杜松果或灑些杜松精油。再來，將手洗淨，灑點水在頭上、臉上與你所立之處。想像一圈杜松煙圍繞你，你就在這圈煙霧的中心。杜松將淨化你周遭、移除心念障礙，並刺激、喚醒經修持的心念能量。同樣地，碗中的水也能淨化、融解障礙，保持環境平穩。

靜靜坐著，覺知你的呼吸。閉上眼睛，讓自己放鬆。現在，想像你看進自己內心深處，停留在那內在空間。然後，開始呼喚你的內在朋友出現。

你可以這樣說：「我在此聖地，呼喚我的內在朋友現身！」

不論出現什麼，你都要坦然歡迎。你的內在朋友可能是男，也可能是女；可能穿著衣服，也可能裸著身子；可能年輕，也可能年老；也可能是完全中性的——非男非女，永遠不老，永恆存在。無論如何，當你的內在朋友出現，你毋須慌張，也別過度興奮，只需安然接受。心懷感謝，保持謙卑。

接下來，你得在心裡大聲說出自己的名字，好喚起你內在朋友的注意力。例如「我的名字是戴夫」或「我的名字是凱西」。

此時，你的內在朋友會注視你。準備好詢問你在生命中遇到的問題，你將得到答案。你可以問關於友誼的問題，不管是針對你的朋友，或是針對身為他人朋友的自己。每個問題都要在心裡響亮而清晰地提出。

問完後，你要謝謝你的內在朋友，並詢問你們能否再相見。你得遵循傳統的本教方法，稱呼你內在朋友的西藏名字普拉（Phug Lha），亦即西藏本教諸神中，照管家宅、親族與朋友的守護神。

「普拉，我要謝謝你回答了我的問題。我請求我們很快能再相見。」

然後，緩緩張開雙眼，非常大聲地擊掌三次（這能喚醒你的能量，並讓諸神注意到你所做的），再灑點水在頭上、臉上與你所坐之處。放點杜松果或灑點杜松精油在原子炭上，想像圍繞著你的杜松煙漸漸散去。

戴安娜是個非常不快樂的女人，因為健康問題求助於我。隱藏在這些問題之下的，是她深深的不安全感與對自己的不信任。由於這些心病，戴安娜在關係裡相當退縮，拒絕相信任何人。在現實生活中，她是位傑出的企業人士，坐擁美屋，財產可觀，每回現身都顯得貴氣十足，讓不少人欽羨她的生活方式；然而，看似擁有一切的她，卻覺得自己什麼都沒有：她已五十七歲，仍然孑然一身，雖然交遊廣闊，卻沒情人、沒子女，連真正的朋友都沒有。

我鼓勵戴安娜練習召喚她的內在朋友。她一開始拒絕，後來也明白了改變必須從心開始，就同意練習一個月。

一個月後，戴安娜告訴我，她已找到了一位出色的內在朋友，那是一位慈愛而智慧的女士，總是給她溫暖與指引。她問她的內在朋友，為什麼自己總是拒絕與他人親近，內在朋友則告訴她，那是她自幼就發展出的行為模式，目的在自我保護。原來，戴安娜在五歲時失去雙親，從此就害怕親近他人，憂心會再度失去他們。對此，她的朋友告訴她，她已不再需要這樣自我保護，畢竟她已是成人，能夠明智判斷誰是該親近的人。

擁有了新的能量，讓戴安娜欣喜無比，神采奕奕。兩個月後，她告訴我她開始擁有較深刻、較滿意的友誼，更棒的是，一位她一直都很喜歡的男性朋友，開始與她走得很近，和她談起戀愛。原來，他早就很關心她，只是她一直沒察覺，也不讓他接近。對所獲得的一切，戴安娜驚訝不已，更驚喜於自己的智慧，而這都要歸功於她的內在朋友。

第三人

西藏本教認為，人們必須為自己的關係負責，因為是我們創造了它們，給它們生命及對我們的影響力。當兩個人的心念能量相連，他們所創造的關係，會獨立形成一種心念能量實體，藉由彼此的共同關聯、情緒與心念來連結。

為了確保關係繼續，上述的心念能量實體，也就是本教所稱的「第三人」（Third Person），需要悉心照料、長保康健。照料的方式有兩種：第一，維繫圍繞著兩人關係的心念能量品質；第二，專心照料第三人本身。關係中的每個人，都該不時花點時間，把正念引導給第三人。

第三人包含了關係中每一人的特質，存在於任何個體、群體、企業與國家間。只要兩人或更多人之間有重要連結，必存在第三人，汲取著力量與生命力。

然而，人們常忘記關係需要經營。第三人若未得到關切，就會開始消失，最後關係也就終止了。到了這般田地，關係中的每一份子都會失去活力，狀況也會低迷一陣子。這就是分離總造成痛苦與心傷的原因。

滋養第三人的心念能量練習

這個練習有助你滋養、強化任一種關係中的第三人。這關係可以是與另一半的、情人的、親戚或朋友的，也可以是與同事或某個你想更認識的人。

用自己覺得舒適的姿勢坐著，盡可能放鬆。閉上眼睛。開始傾聽周遭的各種聲音。把注意力轉向身體，傾聽你身體的聲音。幾分鐘後，注意力轉向你的心，傾聽你心的聲音。

傾聽之時，任你心中的內在喧譁來來去去，等你準備好，便把注意力放在你的關係對象。如果你知道他在何處，便傾聽他的所在處。傾聽他的身體、他的心。

以上程序，想進行多久都可以。一旦做完，便把注意力放在第三人。你很快就能感受到他，也會看到他用什麼形象出現。他可能是男，可能是女，可能很年輕，也可能很年長，可能天真無邪，也可能博學睿智。他的形象，顯現了你關係中真正的本質。

為了滋養第三人，你需要花幾分鐘在他身上，學著了解他，並對他投注正念能量。

第三人形象解說

男性

如果你的第三人以男性形象出現，表示你的關係被男性原則與能量支配，被男性心念能量統馭。

女性

如果第三人以女性形象出現，表示你的關係被女性原則與能量支配，被女性心念能量統馭。

聰明睿智

這種形象，表示你們需要傾聽這段關係裡的智慧，並將它實踐於日常生活。

天真懵懂

如果你的第三人是個成人，卻顯得天真懵懂，就表示關係者雙方沒花足夠的時間培育這段關係，只是對對方做出反應，而非真正的互動。這種關係是在苟延殘喘，而非蓬勃成長；它需要更深度的發展。

踉蹌失衡

若你的第三人看來踉踉蹌蹌、失去平衡，就表示有太多其他因素影響了關係成長。過去的包袱與煩惱，正影響關係此刻的穩定性，需要趕快處理，才能讓關係繼續茁壯。

嬰孩

這表示不管你們彼此怎麼認可、外界又怎麼看你們，你們的關係都只在初期。

孩童

這表示在你們的關係中，充滿好奇、交流與對彼此存在的喜悅。然而，這關係顯然還需要成長與引導，雙方也得分享彼此的情感與對未來的希望。

少年少女

反叛、質疑、尋找意義、探索邊界、試著要讓事事有道理，乃是你們關係面對的問題。你們的耐心、理解與寬容，都亟需達成平衡。愛恨交織的經驗，得改變成愛的反響，讓第三人成長為一個平衡、成熟而成功的成人。

成人

這樣的第三人，已發展得夠成熟，也得到良好滋養，因此有能力將福祐回饋給這段關係。成人第三人一般都經得起生命的挑戰，也表示彼此已相互理解。

老人

象徵整合，和諧，寬容與圓滿。這樣的第三人被照料得非常好，自然也是平衡而成功的關係中，心念能量之流的一部分。

在外人看來，詹姆士與他的女友法蘭西斯卡很快樂，感情也穩固。但在詹姆士內心深處，總覺得這段感情失落了什麼。他想與所愛的女子溝通得更好，卻不知道該怎麼做。他與法蘭西斯卡常爭吵，有時甚至很暴烈，相互指責對方有祕密，還長期冷戰。

詹姆士來找我時，覺得自己非常孤立，告訴我他的女友變得越來越沉默。我要他做第三人練習，並告訴我他看到了什麼。

他再回來時，告訴我他看到的第三人是位少年，非常聰明、好奇而有趣，但也很憤怒，充滿反叛性。我告訴他，這位少年代表他倆的關係需要成長，而他得待之以耐心、寬容與理解，並緊守著堅定的愛之疆界。

詹姆士開始付諸行動。他堅守疆界，拒絕與法蘭西斯卡爭執，並用耐心與理解來推進彼此的關係。

過了幾週，詹姆士告訴我，法蘭西斯卡開始軟化了，越來越向他坦然吐露自己的過去。原來，她害怕詹姆士若知道她在遇到他前曾與許多男人約會，就不會再愛她。當詹姆士表示他坦然接受一切，他倆變得更親近了。

六個月後，詹姆士告訴我，他們的第三人已成為一位成熟的年輕成人，足以平穩處理關係的起起伏伏，不流淚水也不留創傷。詹姆士還教法蘭西斯卡這個練習，兩人現在每週都一起練。

人生中關係的意義與價值

若你滿意自己的關係，整體來說，你也會滿意自己的人生。凝視你生命中的關係，檢視它們的數量、品質、接觸的層次，你將清楚知道哪些關係是錯、哪些關係是對，你生命的哪些領域又能從關係的發展中獲益。思考下列問題，看看有多少對你為真。

一、你的關係都很倉促，且往往很短暫嗎？
二、當你一有空，就纏著朋友與親人不放嗎？
三、你對朋友是否很自私，只在需要時找他們？你的朋友只是那些處得來的人嗎？
四、你拒絕讓任何人太靠近你嗎？
五、你常懷疑那些好像喜歡你的人嗎？
六、你對朋友常常漫不經心、漠不關心嗎？
七、你是否曾因覺得被冒犯，而突然切斷友誼？

八、你是否在「能得到什麼」的基礎上，來結交新朋友？

九、當你傷了某人，是否拒絕道歉？

如果你對多數問題說「是」，這就給了你指引，告訴你該發展、修持哪些心念能量。真正的友誼包含了信任、忠實、深度與慈悲，且都雙向進行；失去平衡的友誼，不可能長久。友誼是一種成長的方式，要你分享你所是，並變成更好的人。友誼教你怎麼思索、感受、行動與決定。在友誼中，你會發現自己的人性，以及慈悲與愛的能力。

友誼的類型

友誼面貌大不同。你無法讓每段友誼都持久深刻，但你也不會想讓所有友誼都短暫膚淺。這一切，要看你的友誼是以下三大類型中的哪一種：

絕妙五分鐘

這些朋友只是短暫地進入你生命，卻能在你邁開下一步前，為你帶來正面改變與新的觀念。他們往往很可貴，對你影響久遠，即使你認識他們的時間可能不算長。你不需為此嗟嘆；他們本來就不會長駐你生命中。

消費者

這種朋友往往在一開始看來很棒，但你會在每回與他們見面後，就覺得自己被搾乾、精疲力盡。這是因為他們是掠奪者，往往會把他們與你的能量都專注在自己身上。他們會把這一切弄得很炫目迷人，所以你得花一段時間才能看清事情的真相。習於照顧他人者，或不確定自己在友誼中的位置的人，最容易吸引消費者。但這樣的關係不會久，因為當消費者把你榨夠了，你也將開始避開他們。

老忠實

這是會在你生命中長久停駐的朋友。與老忠實的友誼真實而深刻，它們緩緩成熟，給予你靈性與感性豐富的滋養。和這些人在一起，你知道你能做你自己，能全然開放、誠實，覺得自己被愛及支持。這種友誼平衡而永恆；在你遭遇危機時，他們會幫助你度過，而往後，你也會回饋他們同樣的幫助。這樣的友誼極為可貴，需要小心呵護餵哺。你只會擁有一小撮這樣的友誼，因為在人的一生中，這種等級的親密性，不可能與太多人共享。

檢視你自己的友誼，看看它們屬於哪一類。在理想的情況下，你會擁有一些老忠實的朋友，更多的絕妙五分鐘朋友，還有偶然經過的消費者朋友。

如何讓友誼更深刻

這個練習能幫助你與已認識的人，創造更深刻的友誼。或許你希望與最近碰到的某人變成長久的朋友，也或許你希望為某段長久的友誼灌注新能量，好讓它繼續向前，更為強壯。

為友誼創造經驗的新面向或新層次，也能讓你與另一半、孩子、雙親其他家人的關係更深刻。

這裡有三項與朋友溝通的準則，有助你促進友誼。它們都取自傳統本教教法。

◆ 人人都會大聲說話，但這不是辦法。你要從心裡說話，並具體實踐。用行動證明你的話。

◆ 用心傾聽一個人說的每句話，你就能聽見他們靈魂的品質。他們的話和靈魂一致嗎？

◆ 在做任何回應時，都要沉默冷靜，同時並保持快樂，內心滿懷愛。將答案引向與你對話的人的心。讓內心的力量引導你的話語與心念。

要了知我們自己與朋友的心靈，這三項準則很重要。這種經過修持的溝通，能在勇氣與強力的紐帶中連結起人們。

修持關係的心念練習

這個心念練習教你怎麼培養、修持友誼，又怎麼讓友誼變得深沉有力。創造、修持關係的藝術，源於理解、認識你自己怎麼看待關係，以及你想從關係中獲取什麼。關係需要養分才能壯大，而這養分就來自經過修持的心念能量。當你用這種方式檢視心念能量，你的直覺力將突然倍增。

每早用完早餐後做這個練習，持續一個月。每次大約練習二十分鐘。

找張舒服的椅子坐著，雙足微微分開。不要交叉雙腿，手掌置於膝上。閉上眼，專注於你的呼吸。現在，想像自己聽到鼓聲，緩慢而有力的鼓聲。隨著鼓聲敲擊，你會看到一束渦狀紅光，漸漸地，你身邊會形成紅色光網，那是一張保護網，一張由你心念能量組成的網。

現在，想著你想與其發展深刻友誼的人，思考你想創造哪一種關係。把你的心念放在光網上。

一旦準備好，想像你收束起這光網，將它高高地擲向天空。看著它被強風吹走，落在你想的那個人之上。這不會造成任何傷害。若這段關係註定會發展，這個人就會被引向你，成就你們更深刻、更有意義的關係。

布麗姬是最佳人緣小姐。她曾獲選學校舞會皇后，身邊總簇擁著朋友與想認識她的人。然而，十年後，她漸漸明白自己其實對許多朋友一無所知。她的生活是一連串的社交活動，但她已經受夠這一切；她覺得空洞無比、疲憊不堪，開始罹患憂鬱症。

布麗姬因為憂鬱症來找我。在會談中，她領悟到自己把精力擴散得太廣：她試著與每個人成為朋友，從不拒絕他人邀請，卻從未發展親密的、私人的友誼。然而，只有這種友誼才有助均衡生命。

布麗姬開始做修持關係的心念練習。連續一個月，她每天早上都做這個練習，專注想著她想更親近的兩個人。一個月後，這兩人都與布麗姬建立了較為深刻的友誼，一位請布麗姬特幫忙一個計畫，另一位則邀她一起過節。布麗姬很高興地接受了，將精力放在強化、深化這兩段友誼上。

隨著時間流逝，布麗姬發現她開始能放開那些膚淺的友誼，她的生命再無它們容身之處。現在，她用更多時間與那兩位特別的朋友共度。

做了這些調適後，布麗姬發現她的憂鬱症痊癒了，也重拾目的感。她覺得自己方向更集中、更成熟了。她了悟如果總想做每個人的朋友，只是在拒絕真正親近任何人。

創造友誼

在任何包含他人的人類活動中，我們總會尋找親密的友誼。我們想與他人共享彼此關聯，相互交流內心世界。有些人很輕易就能得到友誼，有些人則很難獲得並維繫友誼。羞怯不安、怕被拒絕、社交笨拙、缺乏信心，都會導致寂寞、缺少朋友，或被那些你想成為朋友的人拒絕。

然而，藉著養成、修持友誼的心念能量，你將能吸引朋友進入生命，不管過去這對你有多難。改變看待友誼的方式，就能改變你的友誼模式。當你認為自己可以是個真正的朋友、能對友誼有所貢獻時，就能吸引能付出真正友誼的人。

就在此刻，在每個城市、每處街坊、世上每個有人的角落，都有人願意做你的朋友。你只是還沒遇見他們。以下這個心念練習，將把朋友帶入你生命。

「釣」朋友的心念練習

閉上眼睛，想像一條巨大、湍急的人類心念能量之河。你站在堤岸，所看到的只有平滑強大的表面上跳動不定的光。你能感覺到那表面下有些什麼，卻看不見它。

此時，集中心神，懷著單純直接的心念，將釣線遠遠地拋向河中央，看著它飛濺、下沉，魚鉤直入水下。現在，將你對朋友的渴想、盼望、請求，沿著釣線傳送到魚鉤，心念能量就將停駐在此，像是餌般吸引他人心念能量上鉤。

集中心志在鉤上，你將開始感到回應。讓回應前來，但可別太急。慢慢來，開始輕柔地收線，收集你吸引到的友誼能量。感覺這份能量沿著釣線傳送，直入你心。

把所獲拉上岸

至多十天內，人們會開始靠近你，想與你做朋友。你得辨清所有你引來的友誼機緣。各色各樣的人都會湧向你，因此你得慎思明辨，靠智慧去選擇適合你的朋友。有時你會接到一些得立刻扔回去的球，畢竟，在良善、令人愉快的人群中，也可能有人會變成你的麻煩。你不妨把這當成一種測試，測試你內在是否平衡完整；而你所須做的，乃是讓那人經過，自己則走向他人。

赫伯住在紐約，經營家族企業。他有一大堆家人，就是沒有朋友，而雖然他渴望交朋友，卻不知道怎麼做。他成長於強勢父母的羽翼之下，從不被鼓勵去外面交朋友，或是帶朋友回家。

赫伯很沒自信，覺得別人都比自己聰明有趣、有吸引力。他工作得很賣力，因此也覺得自己沒機會交朋友，而當有機會時，他又逃之夭夭，讓機會平白溜走。

我教赫伯「釣」朋友的心念練習。他做了練習，覺得多了點信心。他每天繼續練習，且在傳送心念能量時專注於自己必須付出什麼，也體會到自己其實擁有很多潛在的友誼。

幾天內，赫伯開始「收」到潛在的新朋友。他在商店裡、公車站、健身房及各種他從未想過會交到朋友的地方，認識了不少人。他周遭的人開始和他聊天，而當人們走近他時，他也鼓起勇氣打開話匣子，並表示還想見到他們。

一年後，我又遇到赫伯，而他好似脫胎換骨。他從未想到要用的電話簿，如今滿是姓名與電話號碼。他的社交生活很忙碌，也減少了工作時數。最棒的是，他遇到一位可愛的女孩，如今兩人已訂婚了。

建立友誼

想以心念能量與潛在的朋友相連，得先修持心念。而要讓這份連結發展為成熟的友情，你也得選擇適當的開始時機。本教認為，想吸引不同的朋友，各有其最適時段，因為人們在特定時段裡，會對特定類型的朋友更坦然開放。

◆ 早上十一點到中午：適合締造長期友誼。這樣的友誼，誠實坦率、互動良好，讓你收穫多多。
◆ 中午十二點到下午三點：適合發展擁有相似工作、職業或使命的友誼。
◆ 下午五點到晚上八點：是兩性間發展柏拉圖關係的好時機。
◆ 晚上九點到午夜：適合發展長期的性愛關係與浪漫聯繫。
◆ 凌晨一點到三點：適合發展長久的友誼或關係。
◆ 早上五點到七點：適合發展有創造性的、藝術性的友誼。
◆ 早上七點到十一點：適合發展家庭的、財務的關係。

以上列舉的時段，能讓你與不同的友誼類型，有最好的發展與成熟機會。在這些時段與適當的朋友會面，或打電話、寫信，能讓彼此的連結更深刻。當然，午夜通常不宜打電話給朋友，但你可以在此時寫信，或思念他們。
非特定的時間，則無助於發展特別的友誼。

寂寞

本教修行者認為會覺得疏離寂寞的人，不算真正成熟，因為他們還未能與家族融洽相處。如果一個人與其伴侶、祖父母或其他親戚感情不佳或有爭執，或是被家族間長久的衝突影響，那他們就無法從家族獲得心靈能量，也無法成為完整的成人。

如果你正為疏離感或寂寞所苦，你得先學著與家族和解，包括母系與父系家族；你也得原諒任何已然造成的痛苦，不管要追溯到多久以前。

自有生以來，羅絲安娜就一直覺得與他人很疏離。雖然她在娛樂界闖蕩出一番事業，交遊也很廣闊，她卻覺得生命很空虛。她來找我時，告訴我她內心深處十分寂寞，而且始終如此。即使在社交生活中，她總是派對中的靈魂人物，她卻覺得自己無法與別人發展深刻關係，只有獨處時才自在。

當我問到她的家庭狀況，羅絲安娜突然抬起頭，告訴我她已十年未與父母講話。她怪他們沒給她一個快樂的童年，覺得他們並不真的愛她或想讓她快樂。她與兄弟姊妹也很疏遠，即使彼此間還有聯繫。

我要求羅絲安娜每天早上靜靜地坐十分鐘，全神貫注於她的家族，與她的父母和解，寬恕他們過去造成的任何傷害。羅絲安娜雖不情不願，還是同意照辦。

兩週後，她回來告訴我，她初次做完練習時，發現自己竟在啜泣，並且感到心頭如釋重負，無比輕鬆。她發現，以前她覺得不重要的事——她與父母間受傷的關係，其實非常重要，因為它遮蔽了她的生命，讓她無法前進。

一個月後，羅絲安娜告訴我她寫信給父母，表示想去看他們，而他們則十分欣喜地回電。她整個週末都與他們共處，感覺到一種全新的、平靜而充滿愛的互動。一年後，羅絲安娜告訴我她不再感到寂寞了，如今她擁有深刻的友誼，也與所愛的男人發展戀情。

家族練習

靜坐片刻，專注於你的家族系譜，試著從你母親往前回溯，再試著從你父親那邊回溯。若你不知親生父母是誰也沒關係，你仍然可以對他們及其家族全神貫注。你要集中心神，從這綿延不斷的家系圖譜獲取力量，也把自己融入你的家庭——它擁有最強大的力量。

做了這個練習，你將不再感到疏離；你整個家族的愛與力量，將永遠伴著你。

和不喜歡你的人變成朋友

在有些情況下，比如在辦公室或住家社區，有人可能就是不喜歡你，你卻得定期與他們接觸。你可能會覺得，最好的辦法就是和他們做朋友。

創造友誼最好也最有效的方式，從下面這五點開始：

- 思索你是否做了什麼，讓這個人不喜歡你。自我評估後，將愛的心念能量暖流，引導到這個人身上。
- 接下來，把這份愛導向你自己。滌清你對這人所有真實或想像的偏見，你就可以用全新的角度看他。
- 若有人助長這人討厭你，你也要與他們和解。傳送給他們充滿愛的、引人振奮的心念能量。用愉悅的心念能量祝福他們。
- 以心念能量移除所有過去、現在、未來的障礙。

◆創造友誼頗花時間，你得有心理準備。要讓一切順利的前提是，你得修練好心念能量，你的友誼對象才會靠近你。這樣，你才得以表達建立友誼的願望。

這五種方式建立的不只是友誼，還是長遠持久的正面友誼。要有耐心，你們初次建立友誼時，大概只是開始講話。然而，堅持下去，你就會成功。

療癒關係

關係一旦出問題，至少有一個人會很痛苦。若憎恨、憤怒或敵意已然造成，這些情緒就必須化解並療癒，即使彼此已不再聯絡。因為，只要彼此還懷有負面感受，關係就並未終止，而這將深深傷害雙方。

敵人關係，就是一種最緊密的關係，因為你正將巨大的心念能量耗在一個特定的人身上。

敵人與敵意的心念能量性質，會用許多看不見的方式把人們綁在一起，摧毀你的活力、快樂與個人的完整性。敵人關係所傳送出的負面心念能量，還會破壞能量收送者雙方的健康。

因此，我們有必要了解與他人失和、變為仇敵的根本性質，並化解、療癒敵意。本教上師認為，有九種可能的原因：

憤怒

憤怒乃是敵人的語言；我們像發射隱形砲彈一樣，將憤怒的心念能量發射到我們認為的敵人身上。在這種情況下，憤怒會遮蔽你的內在自我，讓你沒法發現療癒這種狀況的各種可能。

療癒憤怒

不管你是憤怒的始作俑者或受害者，都能靠這個練習療癒憤怒。如果你是生氣的那方，你一定要充滿勇氣，擺脫情緒影響。這個練習，每週至少要做三次，早上一起來就做，因為每天最好開始於慈悲的狀態，而非開始於混亂。

靜坐著閉上眼。專注於你的心臟，不論你是憤怒的發送者還是收受者，你都將在心中看見那個特定的人或狀況。全神貫注，你會看到你的心臟開始閃耀著柔和的粉紅光芒，色彩緩緩變深。

隨著光芒變深，你將越來越洞悉問題所在，直到你的心臟突然燃燒起來。這叢火焰會燒掉你所有的憤怒，當它熄滅時，剩下的將是溫柔而永恆的和平，充滿著能引你解決問題的智慧與慈悲。

將這份慈悲，引向把你當作仇敵的人，或是你心目中的仇敵。

貪婪

對敵人的貪婪，源於我們想控制他們，想掌握他們的思想、感受、行為。這樣的貪婪，奠基於一種要別人承認「我對你錯」的欲望，結果造成個人、團體、公司、國家、意識形態與宗教間無止盡的競爭。貪婪極具區隔性，總是要區分「自己人」與「非自己人」。

療癒貪婪

每天睡前做這個練習，至少做十分鐘。

閉上眼，雙手置膝、掌心朝上，全神貫注於你的呼吸。看貪婪的心念能量流出你的身體、心靈、靈魂與生命，以及所有與你相關的事物。

欲望

這是一種想得到他人擁有物的渴望，甚至包括別人的痛苦。欲望總想要介入它無法擁有或無權擁有的事物。不同於貪婪，欲望根本沒什麼計畫，它只是毫不自覺地渴望著獲得什麼。欲望能輕易地汙染心念能量，並傳遞給別人，讓他們也受苦。

療癒欲望

這個簡單的觀想練習，能夠化解欲望對你的影響，不管這欲望來自你本身或收受自敵人。每早做這個練習十分鐘，直到你看到或感受到改變。

靜坐著閉上眼睛。把注意力集中在頭頂，想像一道溫柔的泉水從那裡冒出，像瀑布般汩汩流向你身，洗清你欲望的心念能量。這泉水並非一般的水；它其實是流動著、活躍著的光，色呈銀白，閃耀著透明澄澈，流向你時，還帶著風鈴的輕柔聲響。

錢的問題

錢與有關錢的問題，常為你製造敵人。錢在其心念能量裡包含有強大的情緒，因此，人們若太認同錢，就會引來敵意。

療癒錢的問題

在睡前十或十五分鐘做這個練習，一週做一次。如果你覺得有需要，也可以做更多次。

靜坐著閉上眼睛，在心裡想著因為錢而產生的敵人。你會看到一陣金色細雨淋向他們。這金雨將洗淨他們，解決其問題，並讓他們覺得富有且受支持，內心滿足安適。

愛

當索愛不成，或當愛的關係結束、造成痛苦憤怒時，愛就會引發敵人。當一個愛人過度控制對方或太苛求，也會造成許多問題。在任何一種愛的關係中，愛都會製造敵人，包括在愛侶、家人或朋友間。

療癒愛產生的敵意

任何時候都可做這個練習，想做多久就做多久。

> 平靜且安靜地坐著。把注意力放在你的心臟。專注於你的心跳，慢慢地放掉所有會引發敵意的痛苦情境。全部放空；這麼做時，你會發現一種更成熟的愛，自然地取代敵意。

信任

當兩個人的心念能量融合為一，彼此支持認同時，就產生了信任的紐帶。然而，這樣的紐帶很脆弱，一旦破裂，原本互信的一方因為悲嘆失去了對方，就轉變成敵人。

療癒破碎的信任

連續一個月，每天早上一起來就做這個練習，至少做十分鐘。

> 醒來之後，保持平靜。專心想著這段關係的另一方，看著信任重新變得完整。用理解與原諒療癒傷口，就會放掉痛苦與困惑。

權力

若人們本來共享權力，有一方後來卻喪失權力時，這種與原有連結斷裂所產生的失落感，會如至親好友去世般震撼，並引發厭恨與絕望。這是因為人們相信權力能解決內在缺陷，或在各方面使生命更美好，因此一旦沒了權力，就會感到無助。

療癒權力產生的敵意

每天花十分鐘做這個練習，連續做一個月。

每早睡醒時，把注意力集中在頭頂。想像一道巨大而燦爛的金色光流洩下，充滿你體內體外，移除那些未經修持的心念能量所製造的障礙。

當你感覺這股能量流下，充滿你全身，就張開雙臂、雙手與十指，引導這道金色光流經由你的手，往外流向變成你敵人的人。看著所有障礙融解。神聖而靈性的力量將取代所有障礙，讓平和與滿足流向每個人。

友誼

當友誼因爭論、忌妒或背信而破裂，我們就為自己造成了困境：要心胸寬大地寬恕對方，還是懷恨在心，反目成仇？

唯有真正成熟，才能做到寬恕與遺忘。選擇負面反應，當然容易得多，畢竟它直接來自你的日常心（everyday mind）。然而，這樣的心與心念能量，僅僅只是被動地對事物做出反應，未能與內在覺知產生深刻連結。

當一段友誼破裂，即是學習友誼本質的時機，即使無法挽回這段友誼。

療癒友誼產生的敵意

每天早上做這個練習十分鐘，連續做一個月。

靜靜坐著，在心裡勾勒出你朋友的形貌。看著他們在你面前消解。一旦他們完全消解，便把它吸入再吐出，看著他們重新成形，身心完美無瑕、煥然一新。這個練習會幫助你發現，其實你早就有機會化解困境。

唐納德與馬汀從青少年時就相識，一直是很好的朋友。大學畢業後，他倆合開了一家廣告公司，做得有聲有色。

他們賺了不少錢，也很享受成功與彼此的友誼。然而，他們愛上了同一個女人。他們分別與這女人約會，但最後是唐納德贏得芳心，共結連理。滿懷妒嫉的馬汀，在幾個月後指控唐納德處理公司財務不實，兩人遂決定拆夥賣掉公司，卻就此開啓巨大的法律爭戰。由於他們拒絕與對方説話，兩人還都累積了鉅額的律師費。

一年後，馬汀來找我，說他的生活方式把他弄得精疲力盡。當我們一一檢視他生命中各種面向時，他醒悟到自己多麼想念唐納德。

馬汀開始做練習，好療癒友誼產生的敵意。他連續做了六週，感覺到他銜著唐納德的憤怒、仇恨與受傷感都化解了，取而代之的是他對這久違朋友的愛。馬汀打電話給唐納德要求見面，唐納德一開始很小心謹慎，畢竟一年來，他們都是透過律師傳話。不過，最後他還是答應兩人一起喝一杯。

見面時，馬汀請唐納德原諒自己的妒意之舉，並傾訴自己對唐納德的思念。唐納德大受感動，告訴馬汀自己也很想念他。他還說，他太太已經帶著大筆財產離開他。

這兩個朋友終於賣掉公司，在一處熱帶度假區開了間小酒吧，一邊經營，一邊共度美好時光。兩年後，他們遇到一對感覺很對味的姊妹，便各自成了婚。這些日子以來，唐納德和馬汀再也不認為彼此的友誼理所當然。他們互相欣賞、尊重對方。由於曾經失去，他們才學到友誼的真正價值。

占有

占有經常造成敵意。當人們忌妒他人的成功、幸福、伴侶、孩子或財產時，就會導致怨恨。

若你想擁有的某人、某物、某個點子或信念，其根本的心念能量未能與你相連時，你再怎麼努力也無法成功。人們如果企圖擁有不是他們的東西，註定會不快樂、身心失調。

療癒占有的問題

每天做這個練習十分鐘，直到狀況改變。

放鬆，安靜地站著。閉上眼睛，開始放掉所有你想占有的事物。此時，你會感受到無限的靈性力量。將這份力量引向你忌妒的人身上，未經修持的心念能量就會消散；正是這種心念能量讓你變成他人的敵人。當所有負面的占有能量被滌清，就將天真與和諧引入所有關係者的心裡。

關係結束

凡事皆有終點。一生中，我們會經歷許多關係的結束，有時，關係結束得圓滿而乾淨俐落，我們很容易就能接受結局，很快繼續前進；但有些時候，結束一段關係要花很長的時間，充滿混亂、痛苦與困惑。在這些時候，試著了解事情的來龍去脈並創造較圓滿的結局，就很有幫助。這種努力，還會幫助我們在未來創造更好的關係，因為心念能量會與各種機緣碰撞，製造出新的關係。

當親密的友誼畫上句點，那是因為你們已上完該上的課，到了各自前進的時候。別處還有人需要你們。你友誼中的智慧與愛，將能分享給其他需要上課的人，而這些課程你已上過。如果你註定會再見到你朋友，你就會見到他，只是會以不同的形式出現。友誼如同心念，不會真的死去，只會改變形式。

因此，當一位朋友離開，即使這讓你很痛苦，也毋須挽回。讓他們帶著你的祝福離去，體認到你的友誼已幫他找到生命旅程的下一步。

傷害與背叛

若友誼結束，乃是背叛所致，你難免會覺得沮喪、憤怒、被利用或被羞辱。你也會覺得被深深刺傷，不明白為什麼會這樣。

本教認為，當朋友背叛你，也就背叛了他們自己。當你覺得困惑不解，他們也很困惑，只是沒那麼明顯。當你受傷，他們也受了傷。在這種緊張的關係中，你的友誼仍然存在，只是改變了特質與形貌。你與你朋友同樣分享著這特殊的經驗，而這經驗可能會提供許多理由，讓你與朋友決裂。

在這個節骨眼，你得決定是要結束這段友誼呢，還是重新開始，賦予友誼新的形式與內涵。後者當然可能，但確實很難做到；前提是，你得對這人有把握，了解他們的為人。

背叛、困惑和傷害都能被治癒，因為療癒乃是生命與心念能量必經的過程。因此，若你遭到某個朋友背叛，你一定能重新變得完整，體會到你並未失去這段友誼，只是它為你安排了不同的課程，讓你學到智慧、理解與分辨力。

永恆的友誼

與他人的關係，讓我們得以成長學習，變得強壯快樂，但我們也得學著與自己建立關係。人人都有與內在神性、靈性與知識建立永久關係的潛能，當我們觸及體內心念能量的內在核心，就能建立這種關係。這樣的內在關係是我們的來處，也是我們的去向。它是過去、現在、未來的我們。

不同形式的關係，能幫助我們學習通往內在關係之道，直抵內心。這是因為，我們所擁有的各種形式的關係，都是純正心念能量之內在核心的一部分。

用我上師烏金的話來說，「身為人類，與其他人的關聯，乃是最被祝福的一種關係，因為我們能體會苦與樂，又能超越苦樂，為身陷絕望混亂的人們帶來智慧與美。只要有心，人人都做得到。身為人類，我們擁有的就是彼此，這樣的連結普遍而深刻，乃是人類得以自我救贖的天賜大禮。」

第六章
愛的力量

愛這種巨大的心念能量，對人類種族的發展、演化與延續極為關鍵，是一種宇宙性的、眾生都能全面了解的心念能量。愛的心念能量教導我們：我們能克服一切；我們很優秀；我們能超越自己的錯誤；我們所受過的傷與痛苦，都能引導更深刻的內在幸福。

愛是世上最強大的力量。我們生來就與愛相伴，不管我們擁抱愛或忽視愛，在人生的旅程上，愛都引領著我們。西方社會則著迷於「浪漫之愛」的想法，大眾文化的許多面向都大談浪漫之愛的信念與力量，以及對它的渴望與失落。

本教對愛的看法可不同。雖然本教也談浪漫之愛，而且很重視，但這種愛是被靜置一旁的，絕非社會焦點。本教認為，愛有很多種，都很正當且重要，而在諸如朋友之愛、親子之愛、心靈之愛外，浪漫之愛當然也有其位置。在本教信仰中，人類之間的愛，只是多種愛的其中一種，不論我們是否曾在生活中經驗過個人的、親密的愛，愛都存在於我們之間，存在於自然中。

在西方社會，追尋浪漫之愛往往讓人絕望，且會模糊我們對自己的認知。無論如何，要找到並保有這種愛並不容易。有時我們體內的心念能量能獲取的愛很有限，而有些人則有充分的心念能量，能比別人獲取並給予更多的愛。這並無好壞可言，僅牽涉到我們在母體及其後的人生中，是怎麼建構心念能量的。

當兩人彼此燃起欲望與熱情，這種心念能量的融合，就是浪漫之愛。西方社會熱中於追求浪漫之愛，是因為西方對追尋意義、歸屬與認同已感到絕望，大眾文化則相信能透過浪漫之愛的力量，找到意義與認同。

這說來部分正確。浪漫之愛能導致改變，只是這改變可能是破壞性的，也可能是建設性的。浪漫之愛來自欲望，然而欲望因為其激烈的本質，不可能持久。因此，我們不妨把浪漫之愛看成一道喚醒自己的閃電，啟發我們各種愛與去愛的潛力。我們體內擁有偉大的愛的潛能，而其本質不需要浪漫。我們有能力愛自己、愛朋友與家人，以及世上我們從未遇過的人。

本教認為，對意義、歸屬與認同的追尋，與浪漫之愛無關，而是關係到我們選擇的靈性發展之路。不論是何種形式的愛，對這條從愛開始、邁向自我的靈性發展之路，都非常重要。

愛這種巨大的心念能量，對人類種族的發展、演化與延續極為關鍵，是一種宇宙性的、眾生都能全面了解的心念能量。愛的心念能量教導我們：我們能克服一切；我們很優秀；我們能超越自己的錯誤；我們所受過的傷與痛苦，都能引導更深刻的內在幸福。

本章，我將說明愛自己與戀愛的本質，以及真愛與短暫激情的差別。我也將從本教學說的角度，說明怎樣與伴侶永浴愛河、堅定不移，又要怎樣化解衝突。我也將概述本教怎麼定義適當的性行為，又怎麼看待性能量，並檢視我們與伴侶、孩子及手足的家庭關係。

愛你自己

不論你是否愛著別人，都一定要愛你自己。愛你自己並非自私，否則，那就不算愛自己，僅僅是自私罷了。愛自己，乃是保持人生平衡、正面的要件，也是展開靈性探索的關鍵。愛自己，即是勇敢宣示你生命的意義與價值。

想像一個人人都愛自己的世界。在那樣的世界，苦難、罪惡、貧窮、殘酷與戰爭，一定大幅減少。這是因為，一個愛自己、覺得自己很棒的人，不太可能去傷害別人，因此人人都會覺得幸福感倍增。

罪惡感、焦慮、恐懼，以及日常心中對自己叨唸不停的非難、評斷，都腐蝕著我們愛自己的能力。這種普遍的妨礙，天天都在發生，往往遮蔽了我們的覺知。我們對日常心中的念頭照單全收，忽略了在這些批判的、負面的念頭之上，人人都擁有無限的愛自己與他人的能力。

如果我們活著，卻不愛自己，將會失去能量與活力，人格將越來越萎縮，終致失去個性。最後，我們會變得在自己及他人面前，都很卑下猥瑣。

你要怎麼愛自己？比你想得簡單多了。不管你對自己有多嚴厲無情，你最深的意識都一直愛著自己。你要做的，只是把這種深層意識帶入一般意識裡，然後你就會發現愛自己乃是你與生俱來的權利，是你人性的光采。愛自己是所有人類經驗的起始點與根本基礎。

你可以照著以下原則，釋放愛自己的意識：

- 改變你心念能量的性質，藉著觀想、反思來修持心念。
- 若責任與義務占據你大半生命，就減少它們。太過忙碌只是避免與自己親近的方法。
- 做自己覺得舒服的事，讓自己平靜自在。
- 從個人的角度，檢視你人生中曾做了什麼阻礙自己前進的事。
- 從運動、飲食與生活習慣等方面，實踐一整套促進健康之道。
- 為世界與你自己祈福。
- 與你討厭的人和解。
- 給自己一段安靜的時間反思，並感謝你擁有的一切。

愛自己的好處驚人。你會變得心滿意足、原創性與活力十足，同時又保有謙遜，且能傾聽他人並真的了解他們。愛自己能創造自由意志與歡欣，它的靈光會在你歷經黑暗、絕望與疏離歲月時，仍然支持你。

懂得愛自己，就能治癒傷痛，不再沮喪。有五種方法可以讓你體會對自己的愛：

一、創造你自己的安全角落，把你最珍貴、最重要的寶物放在裡面。坐下來，保持安靜，讓你自己在全然的寂靜中，體會對自己的愛的心念能量。

二、輕輕召喚你體內的神性之愛，讓它告訴你怎樣在現實世界中多愛自己一些。讓這慈愛的內在聲音對你訴說，直到你天天依循它的指引。

三、依照以下的順序，與他人分享你對自己的愛的心得：先是陌生人，再是朋友，而後是你的伴侶、你的家人。這會為你帶來勇氣，並更理解自己的經驗。

四、對自己小小仁慈一番，在日常小事中體驗對自己的愛。在小事上對自己仁慈，終會自然變成在較大的事上對自己仁慈。

五、分享你學到的一切，並鼓勵你的孩子、朋友、伴侶、家人、同事甚至敵人，也在生活中分享所學。

這樣實行下去，愛自己的心念能量終會時時伴隨你，並延伸為對你自己與你生命中所有人的慈愛。

珊蒂是位醫生。在醫學院時，她都是班上第一，後來則專修小兒科。她愛她的工作，也樂意忍受長時間工作，並花大量時間每天往返醫院及家裡。

珊蒂來找我時，看來精疲力盡。她的背很不舒服，而她的同事都幫不上忙。但是，很明顯地，她的背只不過是看得見的症狀；她的問題在心裡。

我鼓勵她談談自己。珊蒂形容的，是個極端有紀律、對自己非常嚴苛的年輕女子。她從不讓自己有時間休息、生病或做其他事。工作之外，她還照顧雙親、整理家居，用一連串工作組織起她的人生，從不縱容自己或放鬆一下。她甚至放棄回力球和游泳這兩個她喜愛的運動。

我告訴珊蒂她不是非常愛自己，她顯得很震驚。等到她了解我的意思，她承認她總讓自己過得很辛苦。不管她做得多麼多，她都告訴自己不夠。我請珊蒂練習釋放愛自己的意識，連續做兩個星期。接下來，在原有的練習之外，我又請她練習體會對自己的愛，連做三個月。

珊蒂再來時，告訴我當她開始對自己好後，即震驚於她過去對自己多麼冷酷。她開始享受好好地愛自己，在生活做了各種改變。她搬到離工作地點近些的地方，付錢請人打掃房子，安排時間做她喜歡的運動，並減少工作時間。結果，在我們首次見面的半年後，我看到一個充滿活力、快樂的珊蒂，告訴我現在她的背好得不得了。

戀愛

人之所以墜入愛河，是因為兩人間類似的、修持過的心念能量，歡慶著發現了對方。當心念相遇時，它們會彼此辨認，而當心念能量從對方辨認出自己的特質，就會以愛的形式，和擁有這種能量的兩人分享自己。

心念能量的相互確認，引發了熱情之火與如夢似幻的情境，以及汗濕的掌心與期待。當人們覺得彼此靈魂相會，那是因為心念能量與對方融合了。這樣的融合，可以是一生，也可以是三十秒或一個晚上；能維繫多久，決定於彼此同種心念能量的多少。當人們墜入愛河，卻發現他們並沒很多相同處，那是因為原先的心念能量已轉移了。

愛的關係能持續多久，要看這份關係怎麼開始。怎麼開始，就會怎麼結束。突如其來的、爆炸性的開始，會導向爆炸性的結束。兩個人越快躍入一段關係，就會越快跳出來。為什麼？因為在你衝向一段關係時，你的心念能量會急速燒光自己，甚至瞬間爆炸。這種狀況必然造成破壞，人也會受傷。人們在缺少一份親密的愛時，常會急促地四處遊走，渴望趕快墜入愛河，卻未料到這份需要將會消耗掉自己，也沒考慮到對方。這樣的關係無法持續。

你前進得越慢越穩當，關係就越可能持續。如果心念能量一直變強，就有必要減速慢行，以找到秩序。若你緩慢前行，愛的心念能量就能以自己為基礎，創造出更多的愛之心念能量。

若你想藉由心念能量的力量，讓別人愛上自己，這在技術上是有可能，但並不可取。因為這種狀況是人為且未經修持的，最後終將在淚水中結束，並嚴重傷害雙方。

丹尼爾初遇羅絲時，為她神魂顛倒，並堅信她就是自己的最愛。他展開猛烈追求，兩人迅即陷入熱戀，並在三個星期後訂婚。但才過了幾週，丹尼爾就開始感受到心裡的衝突：他覺得自己應該是愛羅絲的，但他又不確定。

他來找我談，我則建議他做第五章提過的內在朋友練習。丹尼爾練習了幾天，便開始了解到他替自己創造了各種幻想，又把這些幻想投射到羅絲身上。他這種戀愛，我稱為「愛的擦撞」，乃是高速情緒在不當駕馭下發生的意外。

丹尼爾承認他混淆了愛與需求。他心底深深的需求，被「羅絲就是我的真愛」的想法安撫了，但最終，他知道沒有人能化解這樣的需求，因為那是他自己內心造成的。

他必須邁開痛苦的下一步，去向羅絲解釋他對自己的發現，並且取消婚約。

羅絲因為深受傷害，起初拒絕與丹尼爾往來，但後來他們還是成了朋友。羅絲還告訴他，她很高興他能在他們婚前，及時體會到自己感情的真相。

性慾的本質

性慾像愛一樣，也是一種心念能量。當人的身體需要新的能量，日常心中未經修持的心念就會產生性慾。

當你的能量變低時，你就會變得性致盎然。當性慾攫住你，你一定要小心，因為它會置你於險境。當然，當愛報到，性往往也相伴而來，這樣沒什麼不好；但要注意的是，性本身只是愛的廉價仿造品。它像一根點燃的火柴的火星，若任它燃燒，只會把整根火柴燒光。

如果你為性慾所苦，特別是，如果你對並非你愛人的某人有性趣，就把愛的心念能量傳送到性慾裡。這麼做，會讓性慾很快消逝，自動轉換為較正面的心念能量。

如果你覺得自己對伴侶的性慾，阻礙了彼此更深層的感情發展，就用心智將性慾引入心中，讓對均衡和諧的想望淨化它。

當你在鬧室中，獨獨被某人吸引，要怎麼確定這是慾還是愛？你可以檢視身體反應。如果是慾，你只會有官能上的反應；如果是愛，你會感到被一種更緩慢、更廣大的能量籠罩。若你任自己被性慾驅使，投入一連串短暫的尋歡作樂，之後只會覺得空虛，心念能量被寂寞占據，一面對親密的真正意義困惑不已，一面又渴望追求純真。老是遊移於短暫關係的人，其實會希望保持心靈純潔，只是不知道該怎麼做。

純潔並不等於容易受傷，真正的純潔，乃是在任何時候，都能以利己利人的動機行事。要擁有這樣的純潔，你得先停止不斷從一段關係跳到另一段關係，因為這種行為極具破壞力。你得開始觀察自己與世界連結的方式，向內觀照，感受你內在的純真與智慧。第五章的「內在朋友練習」必能幫助你，讓你和自己和睦相處。

這樣，你將能專注於體內具療癒能力的心念能量。你要全心感受這股神聖能量，讓它引導你的行為，幫助你做決定。

表面的愛

如果某人假裝愛你，他只是把你當成練習工具，好學著愛自己。他自己可能都沒意識到這一點。人們常會說服自己說自己在戀愛了，但實情卻非如此；他們只是喜歡「我在戀愛」這個想法。

無論如何，雖然別人可能沒體會到其中的差異，你當然能體會。表面的愛，產生自未經修持的力量，只會帶來痛苦、折磨與憤怒。信任你的直覺：如果你覺得自己沒有被真正愛著，如果愛的跡象不大對勁，如果你一直覺得缺少了什麼，那你有的可能只是表面的愛，而非真正的愛。愛不該帶來痛苦、羞辱、悲傷、憤怒、空虛或失落。

如果你的情況正是如此，最好趕快離開這種處境。你得滿懷勇氣邁出這一步，即使可能並不容易。畢竟，唯有結束虛假的愛，真愛才會走向你。

靈魂伴侶

在西方，「靈魂伴侶」這個概念常被濫用，意指你覺得被吸引或相關聯的人。本教信仰則認為，互為靈魂伴侶的人，對彼此的愛必然與生俱來、毫不費力，乃是一種深刻純淨的心靈之愛。這樣的愛，力量大到往往具壓倒性，以致會讓感受到它的人害怕，乃至逃開對方，愛遂永難實現。因此，靈魂之愛經常是偉大的愛情故事的素材，滿是熱情與失落。

如果你與某人共享靈魂之愛，那不管你倆是否在一起，這份愛都在。靈魂之愛的心念能量自給自足，毋須仰賴兩人共同養成，即使愛侶分開，這份愛也能獨立存在，一旦兩人相逢，又會活躍起來。這樣的愛，可說是靈魂伴侶間的生命渠道，就算被中斷經年，依然好端端地在那兒。

每個人都有一位靈魂伴侶，但人們卻經常（雖然並非總是）因為一段羅曼史，和別人撮合在一起。人通常都會在生命中的某些時候，邂逅並辨識出自己的靈魂伴侶，但他們卻可能並非與你共度一生的人，甚至連關係都談不上。

若你也遇到這種情況，毋須抱憾，或覺得虛度此愛。你要知道的是，對你倆來說，這份愛確實以它註定的方式發生了。在愛的過程裡，你毋須悔憾，除非你傷害或苛待了別人。至於你無法控制的無心傷害，則該被原諒，因為它不過是按照既定軌道發生的。

對愛的渴望

本教認為，若你找不到自己希冀的愛，就表示你愛的心念能量沒能運作得當，從他人的心念能量引來回應。若是如此，你需要療癒你的心念能量，讓它變得完整。

要療癒未能得到實現的心念能量，最簡單的辦法，就是拉回你所有寂寞的心念與對愛的渴望，讓它們流入你心，看著它們消解。當它們消解時，純淨無邪、具療癒性的愛就會流向你，顯現你對愛的內在信念。

這個簡單的練習，會帶給你所需的自我認知，幫助你繼續向前。

讓愛永存

關係需要照顧，需要給予燃料以幫助成長。你投入關係中的心念能量就是這份燃料，因此你得確定它品質無虞。

溝通

有技巧的溝通方式，是以經過修持的心念為基礎。為了擁有正面的愛的關係，你得學會怎麼溝通，讓你和你的伴侶在溝通時，都能感受彼此的支持而充滿力量。如果你無法如此溝通，未經修持的混沌能量會啃蝕你關係的核心，削弱你們關聯的力量。

要在關係中有技巧地溝通，最好的辦法便是了解他人心念能量的特質。要達到這種了解，你得多關注他人行為的這些面向：

- 他們說話的方式
- 他們的肢體語言
- 他們思考的方式
- 他們的習慣

你的伴侶顯現出的這四個面向，會告訴你何時可與他們溝通重要事宜，何時又不宜開口。說話方式和肢體語言能投射出一個人的內心狀況，顯現他們心裡在想什麼。要與伴侶良好溝通，你得等到他們內心放鬆平和、與愛相繫時，才開始動口。如果時機始終不來，就把愛灌注到這種狀況中。

信任的重要性

信任是兩人對彼此潛在優點與品格的相互認可。這意味著，藉由關注彼此在重要的共同生活領域怎樣運用心念能量，就可能發展出信任。雖然我們有時直覺可以信任某人，真正的信任還是需要相當時間才能給予。本教認為，當你信任某人，就等於給了他們你部分的靈性，並將那人帶入你家人及所有認識你的人的生命中。因此，你有必要等到確信某人值得信任時，才去信任他。

最好的時機

想與伴侶談關係問題時，時機非常重要。溝通出問題，往往是因為時機不對。

本教認為，二十四小時中有三個時間週期，各自適合談不同的關係議題。這都基於關係心念能量自然的起伏循環。如果你想溝通順暢，就要學著以智慧與洞見，好好運用這些時間週期及週期間的中立期。

- 第一個週期：早上六點到下午一點。
- 第一個中立期：下午一點到兩點。
- 第二個週期：下午兩點到七點。
- 第二個中立期：晚上七點到八點。
- 第三個週期：晚上八點到早上五點。
- 第三個中立期：早上五點到六點。

早上六點到下午一點的第一個週期中，適合處理關係中的重大議題或問題。這是聚集力量、強度及洞見的好時機，也有利於相互和解、尋求支持。

下午兩點到七點的第二個週期，是整理想法、思索行動的好時機，也很適合談論彼此不同的看法及各自的反思。

晚上八點到早上五點的第三個時間週期，是決定最終行動方針的好時機。

下午一點到二點的第一個中立期，是放下事情的時光。不要用愛的心念能量去強迫任何事，因為那只會帶來麻煩。

晚上七點到八點的第二個中立期，啥事都不要做，只需與自己共處。

早上五點到六點的第三個中立期，適合感謝生命中所擁有的愛。

這些時間週期與心念能量在世界及你潛意識內心的循環流動相關。運用它，你就能與他人心理、情緒、靈性的週期相協調，進而在關係中發展成自然的架構，改善你愛的品質，幫助你們相互尊重。

衝突

任何關係中都有衝突，它是人們共處中必然的一部分，很健康也很自然。若是處理得好，衝突還有益你愛的品質與力量。

從另一方面來說，若處理衝突的方式未經修持訓練，就會對關係造成各種傷害。不當處理衝突的方式包括變得具防衛性、攻擊性、使用暴力，乃至擴張延伸衝突，刻意造成他人受苦。

要有技巧地處理衝突，你得計畫性、策略性地運用愛的心念能量，以找出衝突核心，達到相互理解認可。要完成這個目標，你只需傾聽衝突：不是只聽表面上的話語，而是話語背後的心念能量。如果你將情緒放到一邊，真正用心傾聽，你就會知道該說什麼來轉化衝突、找到解決之道。

這時，你可以將愛的心念能量的「愛之彈」，發送到與你產生衝突的人心裡。當它擊中目標，你會感受到，而你的衝突也不再帶刺。

凱特和山姆結婚十五年了，他們早年相親相愛的關係，在近年越變越糟。他們為了兒子的事爭吵不休，因為這個十三歲的孩子在學校不斷惹事生非。他們的爭吵常在睡前開始，在痛苦、緊張的情緒中結束，搞得兩人都無法入睡。

凱特認為該對兒子的問題採取懷柔策略，山姆則認為該嚴厲一些。他倆都覺得難以接受對方意見，認為自己才是對的。

凱特來找我，告訴我她擔心自己的婚姻瀕臨危機。她愛山姆，但她又很氣他。

我要求凱特在下次開始爭吵時，先把自己的感覺放到一邊，就只是聽山姆怎麼說。我也要求她自己靜靜坐著，將愛之彈傳送到山姆心中。最後，我建議他們改在早上六點到下午一點間討論兒子的問題，要討論這類問題時，早上的時間遠比睡前好。

一個月後，凱特告訴我她試著傾聽山姆的想法，雖然這做起來不容易，但她因此體會到山姆真的很關心兒子。她明白她和山姆都很愛他們的兒子，害怕他可能會惹上更大的麻煩，或是開始嗑藥。

向山姆發送愛之彈兩個星期後，凱特建議找個早上來討論他們兒子的問題。這回的討論好多了，他們都對彼此較寬容，也較能傾聽對方的看法。凱特告訴山姆，她知道他愛他們的兒子，而這讓山姆的鐵腕策略軟化了些。他們體會到，彼此無盡的爭吵正影響著兒子，即使他可能沒聽見爭吵的內容。他們也了解到，幫助兒子的最佳策略，就是停止爭吵，給他大量的愛，並為他定下合情理的規則，兩人一起要求他遵守。

六個月後，凱特和山姆的兒子循規蹈矩多了，他們夫婦倆的關係也更加深刻，婚姻更為鞏固了。

結束

當你的心念能量不再與對方相連，關係就宣告結束。結束並不必然是件壞事，它可能單純意味著這段關係已走完全程。不是每段關係都能持續一生。當你們已然分享一切，也帶給對方所需，彼此的連結就不再相關。一對伴侶一旦分開，他們原本分享的愛也會分成兩半，其活力依舊的內涵，將依據兩人不同的需要，分別歸屬其中一方。

若結束產生痛苦、震驚與不知所措，我們其實是為了分裂的心念能量而悲傷，畢竟我們曾如此緊密地參與這份能量。如果你專注於這份心念能量，你會了解這份愛為何走上終點。有時，看來在一起的人們，正在腦裡走向分開一途，這樣的人們的確需要分開。

在本教社群中，很鼓勵伴侶一起坐下來，體會對方的內在覺知，以知道這段關係會怎麼結束。本教相信，人人在心裡都知道關係會怎麼結束，即使是結束於其中一方或雙方的死。對西方人來說，預見結局或許看起來很可怕，但在本教的思考中，這能幫助你萃取關係中最美好的部分，並在彼此還在一起的時候，去愛、去珍惜對方。

值得再試一次的時候

有些伴侶分分合合多次，或一再瀕臨分裂邊緣。你要怎麼分辨是結束關係的時候，還是再試一次的時候？

是否值得再試一次、解決問題的關鍵，在於確認當初你為彼此創造的心念能量。這份心念能量是建設性的、防衛性的、矛盾不定的，還是根本就沒心沒思？如果你對那人的心念能量基本上是建設性的，如果在關係的核心裡存在著尊重與愛，那麼這段關係就值得再試一次。

該放手的時候

即使當你知道一段關係已走完全程，要放手往前走，仍然可能痛苦而困難。如果你不確定怎麼做，就回想你關係內在的心念能量，究竟是建設性還是破壞性的。如果是破壞性的，就是放手的時刻。

一樁破裂的關係，總包含著痛苦、傷害與責難，這有時還會遮掩我們所做、所感受的一切。試著挽回已結束或應結束的關係，只會給我們帶來厄運、病痛與騷亂不堪的生活。想要了解痛苦，並從經驗中更加認識自己，切記要對你曾愛過的人心懷最高的善意與祝福。就算這段關係很糟，或結束得很糟，你也要從自己心裡找到力量，去獻上善意與祝福。事實上，你越是覺得痛苦，就越有必要運用這種經過修持的心念，才能更快地抹消一切負面性。

為了放手，你必須準備好靠自己的雙腳站立，創造你所追尋的獨立，讓生命更新。而要達到這種境界，你必須先放掉所有責難與罪惡感。是為自己所有行動與想法負全責的時候了。

當你對他人心懷善念，原本支撐你的愛的心念能量，就能自我鬆綁，不但解放了你，也為他人賜上祝福。這樣的心念能量能治癒你的心、你的腦，並為未來更深沉的愛創造機緣，因為你已不再背負這段關係的任何包袱。

說到最後，不管愛以什麼形式出現，基本上都可視作對你之所是、你之可為的一場歡慶。在愛別人時，你希望他或她的生命充滿活力、萬事皆好；在愛結束時，你最好也維持既有的心境與想法，這樣你才能毫無阻礙地邁向新生。

愛是一種看不見的美德，會透過我們的生活找到自己的旅程。而我們準備放棄的愛，即是愛唯一的精髓，值得我們珍惜並從中學習。在你已經驗的愛裡，你是如此接近人性裡絕對的善，以及普遍性的美。

安妮特不喜歡承認挫敗。她害怕失敗，以致於在花了七年改善關係後，她仍然拒絕放棄，即使那讓她非常不快樂。安妮特想挽救她的關係，因而前來找我，我則要求她先看看她關係內在的心念能量究竟是不是建設性的。

兩週後，她告訴我，她了解到這份關係根本就是破壞性的。她的伴侶待她粗暴冷酷又自私，而她卻接受這一切，認為這都是她應得的，還相信這段關係能否好轉都要看她。然而綁住了這份關係的，根本是她對失敗的恐懼。現在，要結束這段關係，安妮特覺得很害怕、很難過，但她知道這是對的一步。

我要求安妮特靜坐，專注於消解關係中未經修持的心念能量，好讓它散去。我也要求她將愛引向自己與她的伴侶，並揣想他倆各自前進後所會發現的自由與可能的快樂。

對安妮特來說，這一步走來艱困，特別是，她的伴侶並不想結束關係。她不知道自己是否能強壯到離開他，但在練習中，她發現自己的力量與資源。

三個月後，安妮特終於離開這段關係。她離開得充滿尊嚴與自信，還不忘祝福她的伴侶。

兩年後，安妮特和一個與她原先伴侶截然不同的男人在一起。他們的關係親密而健康，正計畫要結婚。

再婚

在追尋幸福與歸屬的過程中，許多人有超過一次的婚姻關係。這都是個人自我認識之路的一部分。

比起你創造的心念能量，不管它是否產生於婚姻內或與婚姻無關，你究竟結過多少次婚，其實不那麼重要。結過多次婚的人，一定要小心不把一樁婚姻的問題帶到另一樁，也必須考慮新的婚姻對孩子的影響。結婚多次的人，往往會習慣性地多婚，因為他們沒學會從一個人身上找到自己所需的各種特質，也沒學會解決關係問題的辦法。

性愛

自宇宙初生，性能量就是一種深刻的心念能量，以各種形式表現。這種心念能量激發成長、誕生、生命與死亡，乃是讓各種物質能量運作的燃料。你的性取向不論是同性戀、異性戀或雙性戀，都是你意識自我表達的方式。

性這種心念能量，追尋著表達自己的方式，力求在物質世界找到定位。你看待性能量的方式，會回應到性能量上，讓它得以精鍊、蛻變，若你能以智慧運用性能量，更能帶來更深層的靈性與智性的覺醒。藉著調整你的性能量與運用它的方式，你會發現對自己真正的感覺。性與性能量神聖而崇高，若你濫用或誤用它，就是濫用你自己。

性是種強而有力的心念能量。當一個人與他人發生性關係，就會把自己部分的性能量轉移給對方，也從對方那吸收來性能量。這種過程可以修持得當，也可以粗糙不堪，端看你怎麼看自己與對方。當你與人發生性關係，心念能量會被對方所吸取，因此，若你未在過程中滿懷覺知，恐會變得虛弱不堪，而自己卻只吸收到性伴侶心念、情緒、恐懼、願望、欲望、祕密、真相與命運的稀微皮毛。

看待性能量，你必須永懷崇敬之心，因為它是那麼純淨天真，能引領我們邁向覺知的更高層次。有些特別的方式如禁慾主義，也可達到這種層次，但對一般活在日常世界的人來說，最好的方式就是盡量對自己好、對自己負責。這種方式能幫助我們發現自己內在的道德密碼，對我們是獨特的，但又適用於所有人。

性能量的力量

性能量乃是一種心念能量神聖的表達方式，它追尋著釋放、表現、知識、幸福與實現。性能量的力量則是人類的基本要素，刺激我們的本能與慾望活躍起來，表達出人性。這種力量巨大無比，能透過我們的心念傳送它自己，因此，我們有否修持心念，就會造成不同的結果。如果我們只是任由性能量的力量貫穿、依它帶領，在過程中將一無所獲；但如果我們修持心念、善加運用，就能讓這種力量減速緩行，進而吸收它、了解它並加以轉變。當我們能選擇不被這種力量控制，即是真正的性解放。性解放並不意味大量的性關係，或覺得性不受拘束。它指的是，對自己性能量面向與深度的了知，且能選擇運用於性活動以外的目的。

喚醒性能量

性能量威力無窮，尋求表現在所有人類活動中。因此，要喚醒性能量，比較高明的方式是學會從任一活動中喚醒，而不是僅瞄準那些明顯關乎性的活動。任何你喜愛且全力投入的活動，都能喚醒你的性能量。在你全神貫注於某事時，不妨試著體會自己的性能量；若你覺得活力飽滿、專注力強、目標堅定又進展神速時，必然滿懷性能量。

性能量充滿生命力。若你想受惠於它，可以在著手某件特定任務前，靜靜坐著，將這份能量引入你心。它會為你帶來清明、成功與創造力。

性能量本身是純粹、淨化過的。造成未經修持的不快後果的，是我們附加在性能量之上的其他心念能量。若你想修練、淨化性衝動，不妨想想自己在感覺到性能量時，有什麼念頭與情緒。不論你感覺或經驗到什麼，都要試著將平穩的慈悲與溫暖之流，引入這些感覺中。這能讓你心中的陰暗憂煩變得和諧。

選擇性伴侶

性能量是神聖的，也該以神聖待之。因此，你一定要慎選性伴侶。當你選擇性伴侶時，你也重新定義了自己性經驗的性質、品質與結果。不對的人，會讓你的內在心念失衡且變得負面；能量貧乏的人，則會攫取你部分活力。在你發生性關係前，你最好熟悉對方到一定程度，這樣你才知道自己會取得什麼能量。

想與某人發生性關係本身，並不能說明什麼，你得試著超越這種時刻，想想自己為何想與對方發生性關係。你得保持心身合一，而非分離。你要充分了解自己的行為。

傳統本教認為，人不該只因為受到吸引，就急匆匆地與對方發生性關係。要有親密結合，應在遇到對方後，至少等一整個月份再說。如果吸引力為真，熱情就會隨之產生，而你倆性能量的交換，將把你們帶向全新的幸福。

你的道德密碼

未經修持而發生的性關係，只會造成鬱悶與混亂。為確認你和他人的性接觸是否有益，你得先知道自己的性倫理與性向倫理。許多人未能發展出個人的倫理框架，並不是因為他們不講道德，而是因為他們沒想過這個問題。如果你也是這樣，那就為自己定下一些基本規則。

依據本教傳統，以下準則能幫助人們整合自我，發展個人的道德密碼。這些準則是：

- ◆性是非常親密的事。如果你與某人發生性關係，就吸收了他們人格的一部分。在與別人發生性關係前，你得確定自己準備好為他們的人格負責。
- ◆在裸身相對或激情時刻中，你的身體是脆弱不受保護的。你信任對方嗎？
- ◆為什麼你要與人發生性關係？
- ◆是憤怒、色慾、貪婪引發你的性慾嗎？
- ◆你準備好承擔任何因性行為而來的不當後果嗎？
- ◆你認為性與性能量是珍貴的，還是廉價平凡的？
- ◆若你被性所控制，精力就會被攫取一空。
- ◆你是否準備讓性經驗給你智慧？

思索這些要點，能幫助你確定自己的道德密碼為何。一旦你確定了，就該遵守這些律令，以永保自我尊嚴與整合。

濫交

濫交指的是在短期內擁有許多性伴侶，這會切實破壞你身體、內心與生命中自由而自然的性能量流動，還會把你的性能量禁錮在這種習慣性的性行為模式中。

濫交來自恐懼，而非對性的享受。要破除這種模式，你得了解你的性能量有多珍稀可貴，了解你正在破壞這寶貴的資源。深深地看進自己，看看隱藏在你性行為模式底下的恐懼吧！你是害怕被拋棄，還是害怕不被愛，或害怕孤獨？濫交行為只會加深你的恐懼。改變行為，開始意識自己純淨珍貴的性能量，將能化解你的恐懼。

許多人對性有罪惡感。不論你是對有性的悸動或發生性關係有罪惡感，它都會讓你無法真正接受性，無法完整地給予那個特別的人。有個安全又簡單的方式，可以釋放關於性的罪惡感：一週做一次與性無關的按摩，讓自己開始與身體和諧相處。

羅倫斯沉迷於勾引女人。他自認是超級帥哥，不停換女伴，往往每兩週就換一個新女友，還很慣性地發生一夜情。他的俊帥外型與魅力，讓許多女人為之沉迷，而他認為自己在女人方面的本事及活躍的性生活，代表他是個真正的男人。

這樣的生活過了二十年後，一天，有個年輕女孩告訴羅倫斯，他根本是個骯髒的怪叔叔。羅倫斯震驚不已，開始回想自己的行為。他已快四十歲了，朋友大多都已結婚生子，而他總是嘲笑他們，認為自己比他們幸運多了。但現在，羅倫斯了解到自己其實很寂寞，他的生活方式空洞無比又具破壞性。

他來找我，說他很想改變，卻不知怎麼做。我建議他做內在朋友練習，而他在與內在朋友談話時，發現自己雖然引誘過數百個女人，卻對她們一無所知，更不知真愛為何。他發現自己是那麼害怕不再被愛，才會換了一個又一個女伴。

我建議羅倫斯花時間想想自己的道德密碼為何，又想從關係中得到什麼。從練習中，羅倫斯體會到他的所做所為從未讓自己覺得比較好，只讓他感覺更糟。

羅倫斯決心改頭換面。他整整禁慾一年，不再誘惑女人。在這段期間，他開始把女性當朋友，試著了解她們，談她們自己，並思索自己真正想要的是什麼。

他最後了解，自己想要的是婚姻與孩子，只是他一直害怕沒有女人會真的喜歡他。在戒色禁慾一年後，他對自我感受大大不同，對孤獨的恐懼也開始煙消雲散。幾個月後，羅倫斯一位叫吉兒的女性朋友向他表達愛意。羅倫斯感覺到自己也愛她，兩人遂開始交往，相處得非常親密快樂。五年後的今天，他們已結為佳偶，還生了兩個小孩。

讓慾望重生

當性慾寂然枯竭，這可能意味你的性能量需要修補或正在休息。性能量在身與心中是週期循環的，也會被隱藏的心念影響。因此，化解這個問題最好的辦法，乃是思索為何這份心念能量會消褪，而不是忙著評斷、懷抱罪惡感或憤怒。想想，在你生命中，是否有其他領域攫走你一切能量？一切很可能沒事，你需要的只是時間、耐心與了解。不要給自己壓力或試著強迫引出慾望。要相信當慾望準備好，時空條件也適合時，它就會回來。

如果你與伴侶相愛，而你們又在禁慾一段時間後，想再發生性關係，那你們得學著喚醒自己與對方的性能量。這做來非常簡單安全，你只需與對方臉對著臉，近得幾乎要接吻，感覺彼此的呼吸。然後，緩緩同時將氣吹到對方口中，讓你倆心中與身體的能量結合。這個練習想做多少次就做多少次，直到你覺得已準備好汲取性能量。

婚姻中的愛情

丈夫的角色

身為丈夫，你在你妻子的屋裡應有如訪客，絕不能不知感恩或不敬。身為丈夫，你應幫助你妻子更有覺知、更快樂，並協助培育崇高的女性能量，因為這種能量能增強你們的關係。身為丈夫，在你學習體驗你妻子那世代傳承而得的女性智慧時，你必須感謝女性無限的智慧與豐富。

依照本教傳統，以上就是一位丈夫應擁有的心念能量。這種心念能量來自對人類整合與關護的深思，需要勇氣才能成就。一個能遵守這種方式的丈夫，必然是個強壯的男人，不但身體有力，心靈更具高度修養鍛鍊。

妻子的角色

依照本教傳統，身為妻子，乃是家庭的精神中心，不但了解小孩與丈夫的心思，也掌有家中經濟大權。身為妻子的心念能量來自母系的世代傳承，早在妳還在母體時，就深植妳心。但這不意味妳註定為人妻，只表示妳會知道怎麼為人妻。一個妻子在社群中，扮演治療師的角色，具有強大的影響力，也是自然秩序的象徵。

婚姻中的平衡

在婚姻生活中，關係本來就會一直轉變，並不斷自我平衡。然而，當某一邊關係晃動得太劇烈，或你的生活太忙碌，以致於沒時間與對方共處，或你們選擇改變角色扮演，讓丈夫持家育子、妻子賺錢養家時，關係還是會有失衡之時。此時，你們就得修持心念，以維持婚姻中的平衡與和諧。下面的心念練習能幫助你解決婚姻中的任何問題。

讓婚姻平衡的心念練習

這個練習可以獨自做，也可以與伴侶一起做。若是獨自做時，切記只要為自己做，不要幫你丈夫或妻子做。

靜靜坐著，閉上眼睛。想像你自己、你的伴侶、你的孩子、你的家，以及所有是你家庭的一部分，都隨著一道明亮的綠光律動。當你全神貫注於此，你會看到這道光滌清了你的家庭與家居，讓它們重獲平衡。這道光還會排除所有的問題、妨礙與擔憂，在一閃間，自我蛻化為白黃相間的燦爛光霧。

如此，你將發現所關心的解決之道與答案。你得牢記它們，並在練習結束後，盡量確實遵循這些內在的指引。

家庭

孩童

像許多其他宗教一樣，本教也認為孩童是天賜凡世的心靈大禮，是人類發展過程的精髓。孩童能讓我們從未來、過去與現在學習甚多。

孩童的心念能量，朝著探索、表現天真、獲取智慧與發展意志力而去。童年讓我們有機會學習如何發展潛力，孩童則教我們凡俗世界中的神性，提醒我們天真一直就在心裡。

孩童是我們內心智慧的使者。當他們不聽我們的，我們可能覺得他們很麻煩，但事實上，我們是被自己的心念與情緒搞亂，孩童不過是激發出它們罷了。孩童就只是做自己，明白而慈愛的引導，則能讓孩童繼續做自己。

了解孩童的心念練習

這是個很簡單的練習，能幫助你更了解孩童。

閉上眼睛。像平常那樣呼吸。在你心裡，看著你自己的小孩，或一個你認識的小孩。將注意力集中於這個孩子的能量。請求這孩子指引你，帶你走向自己內在意識的國度。要滿懷敬意與耐心。保持安靜觀想的狀態。然後背靠著椅子坐著，讓一切進行。

如果你有小孩，而他發生一些問題，那就在練習中專注於他的能量。

教養你的孩子

當父母的，要能引導孩子情緒、身體與精神都獨立，優秀的教養方式，則是修持心念而來。

我在第二章曾解釋過，本教認為嬰孩出生就已一歲大，其特質也已充分發展，這特質來自他們個人，也繼承自父母。從父親那裡，他們繼承情緒與健康狀態，從母親那裡，他們則繼承智力、直覺與靈性。

嬰孩出生時，就帶著在母體內的生命經驗。這是因為在母體內發展的心念能量，對幼小的嬰孩十分強大之故。在他們出生後的二十一年裡，孩子會體現出這些經驗，並試著明白它們的意義。

要當個好爸媽，我們得先了解自己將新生命帶來世界的心念為何，並體悟到我們的心念能量會與孩子一生共存，還會傳遞給子子孫孫。我們的心念能量可能會鼓舞啟發孩子，也可能因為自己的缺陷害了孩子。如果我們能幫助他們學會愛與寬容，我們就締造了奇蹟。

你的父母

你的身體與部分習慣來自父母。如果你的童年很艱苦或問題重重，你很容易會因為父母的無知與缺失而怒怪、責備他們。然而我們都有無知與缺失之處。

本教認為，人必須在內心某處原諒父母，不管他們做了什麼。因為，唯有原諒他們，你的生命才有可能前進。寬恕意味著了解到他們養你的方式，是他們唯一知道的方式。

人很容易被父母造成的傷害所控制，因為這種心念能量威力極為驚人。然而，只要你開始了解自己的心念能量，你就能超越這些經驗。你將體悟，你之所以覺得痛苦，是因為有一部分的你認同且相信了你父母那未經修持的心念。但你沒有必要懷抱著這份遺留物。修持心念並善加運用，你就能選擇放開一切、寬恕過去，走你自己的路。

原諒父母的心念練習

閉上眼睛，筆直坐著，讓頸部、脊椎得到充分支撐。雙臂放在膝上。在心裡看著你的雙親，或最主要、最具影響力的那位。現在，看著他們逐漸分解，一部分又一部分，一個器官又一個器官，一根骨頭又一根骨頭……最後只剩一小撮細灰。重複這個過程五次。你每做一次，就會帶走一些你父母給你的負面部分。五次都做完後，祝福你的父母。將純粹的愛引向他們，然後不求回饋地寬恕他們。

兄弟姊妹

本教教義認為，兄弟姊妹乃是同一心念能量的具現，那是一份會將你引向新生的能量。你和你手足在此生相逢，是因為要分享同樣的課程、體會同樣的連結，並克服人生旅程中同樣的障礙。

你之所以有兄弟姊妹，是因為你們都在相近的發現之路上，要尋找自己是誰，又將會是什麼，即使你們表面上看來毫不相同。你每一個兄弟姊妹，都表現了你的缺點，或延展了你的正面特質。

人們若不喜歡自己的手足，是因為看到他們的缺點像鏡子般反映了自己的缺點。

手足其實是要教你慈悲與智慧。手足能讓我們學習，而若我們修持心念並善加運用，即能看到與手足共享的旅程。

若你的手足是被收養的，或是來自繼父繼母，或是同父異母／同母異父的關係，他們都是給你家系的禮物。他們帶來邁向進步、幸福、整合、愛與成功的新契機。即使表面上看不大出來，你們之間仍深深地連結著心念能量。藉著了解他們的故事、覺察他們的需要，你將明瞭為何他們出現在你生命中。

懷著愛與寬恕，待你手足如父母。你們之間的連結是註定的，不會因為你拒絕就斷裂。

世界需要愛

愛隨著我們出生，跟著我們同行，讓我們一生擁有，引導我們走向下一個旅程。就是現在，不管你在哪裡，那裡都有愛。愛會變換成各種形式，等著被你的心念能量發掘並具現。

如果你廣泛地對世界送出愛，它會不斷重返你身。世界需要愛才能繼續；是愛，調節了自然、季節與人類演化。因此，當你有空暇，不妨對世界廣泛地傳送愛的心念，藉著愛我們所居住的星球，以及這星球上所有的人與物，你每天都會創造一些改變。當你送出愛，別人也會回應：他們會對親友、鄰居、陌生人乃至敵人更寬和。愛永遠在尋找帶來幸福、美與改變心靈的方法。

第七章
身心安康

如果生命中各種基本要素沒能平衡，就會導致壓力、病痛與不快。對自己不好、用各種方式虐待身體、做自己不喜歡的工作、身處一段不快樂的關係或吃得不適當，都會嚴重影響健康。因此，身體健康與否，表示你有沒有為自己的身心安康負責。與其生了病再找醫師治病，最好一開始就避免生病。若你還是病了，就得了解自己所需，才能好起來。

當我們的生活達到平衡，就會覺得身心安康。從古西藏到今日，個人平衡都是大多數人的關注與目標，而我們若想保持個人平衡，就必須先了解它對我們生活的影響，也得知道創造和諧所需的要素。

如果生命中各種基本要素沒能平衡，就會導致壓力、病痛與不快。對自己不好、用各種方式虐待身體、做自己不喜歡的工作、身處一段不快樂的關係或吃得不適當，都會嚴重影響健康。因此，身體健康與否，表示你有否為自己的身心安康負責。與其生了病再找醫師治病，最好一開始就避免生病。若你還是病了，就得了解自己所需，才能好起來。

在西方社會中，很多人都不知道健康的真義，也不知道何謂身心安康。雖然我們生活水準很高，生活中卻有許多會破壞健康的因素，如過度加工的食品、長時間工作的文化、累積財產的壓力，以及各種汙染。無論如何，只要你想，你仍有充分機會保持健康滿分、生活平衡、身心安康。

不管你處境為何，靠一些簡單直接的改變，你就能永遠改善情緒與心靈的健康。所謂預防措施，指的並不是那些嚴酷而不可違抗、必須厲行的規則，而是指你得透徹了解自己，知道你身體獨特的需要，洞悉你心所求，並且明白哪種生活方式適合你。

生活有樂趣、吃得好、睡得飽、規律運動、愛也被愛、做自己喜歡的工作，即是擁有平衡生活的關鍵要素。無論如何，要擁有真實的健康，最重要的是學會修持心念能量，並控馭其力量。未經修持的心念會導致病痛纏身、生活失衡，而經過修持的心念，則能為你的生活創造最佳狀況，帶來身心安康。

平衡的心念能量

生活平衡所需的要素，在本質上是不斷改變的。畢竟生命充滿起伏，時晴時雨，順境逆境不斷交錯。一份你喜愛的工作，也有它負面的部分；一個你愛的人，也有離去的時候；而一夜好眠，也沒法天天擁有。

為了不被周遭易變的處境摧殘，你必須創造一個不變的基礎，做為你生命的核心。你可以用心念能量建立這核心，一旦建立後，它就會深植你心，在你遇到任何難關時，都引領你安然鎮定度過。

修持心念能量，即是敬重且尊崇生命

要永保平衡，必須敬重且尊崇生命。生命如此神聖美麗，一般維生行為並非生命，僅是我們為了生命所做的事情。我們必須超越其他一切，重視生命本身。

「敬重」能引發一種神性而直觀的連結，讓我們與其他人、動物、自然與生命之靈相連。敬重是一種靈魂的雙向溝通，也是一種愛的形式，歡慶著生命之美，歌詠生命的循環、樣貌、開始和結束。當你敬重生命，就會認知到自己在完美的平衡境界，一種本來就存於人人心裡的境界。

尊崇隨著敬重而來。當我們敬重生命，我們就會尊崇生命本身、它的奇妙、它的美麗與它給我們的一切。尊崇教你滿足，滿足於一個不變的、純淨的、最根本的你。

敬重和尊崇不是被引導出來的。它們就只是經由人性中自然的美德，被人們接受而已。你也來接受它們，表現在你所為、所說、所思與所感吧！要敬重且尊崇並不難，因為它們本來就是人類狀態的一部分。一旦你接受它們，它們就會成為你生命中的基礎，療癒你的不快與不滿，創造平衡與安康。

你的情緒狀態

很多人很成功，卻不見得快樂。本教修行者相信，驅使我們去做一些表面上漂亮值得，事實上卻帶我們遠離自我之事的，乃是情緒的心念能量。利人卻未利己並不適當；你得利人也利己。

本教認為，不管我們看起來怎樣、怎麼想、怎麼感覺或行為，我們都有一種很基本、很底層的情緒狀態。要創造平衡的生活，最重要的就是先了解這種情緒狀態。

你不妨自問：你的情緒狀態讓你快樂嗎？

古藏人了知，情緒的心念能量影響一個人怎麼謀生、怎麼生活、怎麼待自己，以及對生命的了解程度與生活的品質。如果你的情緒狀態沒能讓你快樂，或你不確定自己的情緒狀態為何，下面這個心念練習將能為你帶來清明。

辨識你的情緒狀態

你底層的情緒狀態，影響了你的個性與人生。想辨識並重新平衡情緒狀態，可以做這個心念練習，它能揭示你感受的本質，告訴你為何有這種感受。只要你需要，任何時候都能做這個練習，想做多久就做多久。

靜靜坐著。保持溫暖自在，輕輕閉上眼睛。現在，開始覺知你的呼吸，感覺它的起伏。將注意力集中在你心臟，開始想像你的呼吸進出其中。接下來，每次呼吸時，都去感覺某種情緒的起伏。不管它是哪一種情緒，你都只需讓它前來，觀察它。

其他情緒將跟著這種情緒逐一前來。每一情緒穿越你心時，你集中的呼吸會引出此情緒的本質，讓你完整地感受它，感到它流遍你身，並融入你心，進而消散。任這些情緒來去，直到你感受到一種不會因你呼吸而改變、融解的情緒。這就是你最基本的情緒心念能量。當你辨識出它，你也將知道什麼是你保持生命平衡所需。

這個練習將吸引出你與生俱來的智慧。如果你底層的情緒心念能量不快樂、痛苦或憤怒，你會明白你做過的生命選擇都基於這種心念能量，也會明白你需要做哪些改變，才能創造平衡而和諧的生命。

當你開始在人生做點改變，行事不再靠情緒心念能量，而是靠真我的內心時，你底層的情緒心念能量就會變得比較快樂且正面。

疾病

未經修持的心念能量，會藉著疾病表達自己。當我們失去平衡，任心中遊移不定的念頭擺布時，會覺得壓力沉重、疲憊不堪又精疲力竭，而這就是因為疾病會依附在任一種未經修持的心念能量。心靈與身體是一體的，當你的心被各種未經修持的能量吞沒，其中許多能量還來自你身邊的人時，你就會被壓垮，落得一身是病。要身體健康，得要有好的、經過修持的心念能量，這種能量其實很容易創造並保持，關鍵是你得知道怎麼做。

一旦了解疾病與痛苦怎麼產生，你就會變得更有智慧、更強壯。疾病有其重要使命：讓你知道生命中有些事情不對勁，並給你機會改變。你得什麼病，就表示你需要什麼病，而若你願意傾聽，它就會帶你邁向正面的改變，讓你重返康健。若你的病始終未癒，或一再發病，就表示你沒聽懂它帶來的信息。

絕症

許多人飽嘗絕症之苦，而絕症就像其他病症一樣，也帶來某種信息。無論如何，當人染上絕症，毋須抱憾或自責，因為這並不表示失敗，畢竟許多最開明、最有智慧的心靈導師，也都身患絕症。人類是很複雜的生物，我們不可能永遠遠離或治癒病痛。

當然，在某些情況下，我們有可能以經過修持的心念能量治癒絕症。不過，這種情況很罕見，何況絕症往往是為了讓我們學會滿懷平和與接受地安然死去。

西藏本教醫療

本教修行者會幫助患者洞悉自己生病的原因和性質。他們的診斷包括二十九個問題，而患者的答案會揭示他們自己情緒、心理與心靈的性質。醫療師也會檢查患者的眼、舌、臉、耳、手與指甲，分析他們的尿液並把脈。這樣，醫療師就能判斷三體質（the three humours）中哪一種對患者影響最大。

三體質包括風、膽汁和黏液，支配了身心運作的每一層面，以及我們周遭的世界和我們所在的社群。人人都有風、膽汁、黏液，但其中有一種具主要影響力，也可能會有另一種具次要影響力。三體質之流動及其累積的心念能量，激發了各種人類所求。它們有如心念能量的三大巨流，流貫了所有人類，左右了我們是誰、我們是什麼、又要做什麼。當我們生病，就是因為體質的能量失衡。

我的第一本著作《西藏生活書》裡，曾詳細說明三體質及產生它們的五大元素[1]，又要怎樣辨識並重新平衡你的主要體質。這裡我僅簡要解釋每一體質。

1　譯註：指地、水、火、風、空（earth、water、fire、wind、space）。

風

風與心念、印象、直覺、知覺與想法有關。

風失衡

如果你覺得內心茫然、說得比平常多、常忘了事情、覺得不安、很容易激動、無法集中注意力且覺得被擾亂、聽錯別人跟你說的話，或似乎無法了解你讀到或聽到的，那就是風失衡。如果你很容易生氣，無法表達自己，極易生病或情緒騷亂，也表示風失衡。

風屬於童年期的心念能量。如果一個孩子從母體直到二十歲，都一直身體不佳，那他的風之心念能量必會虛弱受損。

風平衡時

如果你覺得自己冷靜鎮定、心思犀利，如果沒什麼特別原因你也覺得快樂，如果你有時會湧現強烈直覺或感到覺知提升，那你的風就很平衡。

祈請、觀想、唱咒、分享、學著怎麼溝通或改進你自己，都對風有益。

膽汁

膽汁與任何意外的、衝動的、急迫的、立即的、令人激動且有挑戰性的事物有關。

膽汁失衡時

如果你滿懷憤怒暴烈或一心想報復，如果你因上癮受苦，如果你粗魯乖戾又無禮，如果你背叛或試著控制他人，那就是膽汁失衡。被炒魷魚、破產、婚姻狀況紊亂，都與膽汁失衡有關。膽汁失衡的徵兆包括面色過紅或過黃、憂鬱症、視力不良。

膽汁屬於成年期的心念能量。如果你從二十歲到六十歲，會反覆發作某些病症，就表示你的膽汁心念能量需要調養。

膽汁平衡時

如果你湧出巨大直接、具傳染力的熱情、性驅力與魅力，如果你企圖心旺盛、能量飽滿，那你的膽汁就是平衡的。

保持健康、改善飲食、減重，支持環保運動或慈善事業，並力求改善你的人生狀態，都有益膽汁的心念能量。

黏液

黏液與一切掌握、控制、滋養、限制及支持現狀的事物相關。黏液表彰一種信賴、固有的價值以及拒絕改變。

黏液失衡時

如果你對錢、食物斤斤計較，或吝於表示善意；如果你覺得很難表達感情、想法或心中欲望；如果你覺得自己進退兩難、陷入困境或一成不變，或求職老是碰壁、計畫施展不開，就是黏液失衡。潰瘍、腸躁症、腹腔疾病、肚子痛、疝氣、便秘或腹瀉等相關問題，都來自黏液失衡。

黏液是老年期的心念能量。若你在六十歲到辭世間，會定期發作某些病症，就表示你的黏液心念能量失衡。

黏液平衡時

如果你值得信任信賴，人格正直誠實；如果你有儲蓄的習慣；如果你是個負責的團體成員，願意關心鄰里；如果你吃得好、讀書、烘焙，能和孩子玩在一起、擁有和諧的家庭生活，那你的黏液必然平衡。

按摩、散步或繪畫等讓人放鬆的活動，都有益黏液。

保持體質平衡，對健康及身心均衡極為重要。學著修持心念，我們就能減少負面性、減少病痛，體質及生活也才能平衡。然而，這不表示你的生活能從此安逸，只是說當你遭逢生命問題時，會知道如何比較輕鬆地應付。

本教認為，健康狀況依照心念能量的不斷改變而改變，良好的健康狀況有它自己的心念能量頻率，而這又因人而異。當心念能量比它在健康時的頻率低，人就會出現疾病的跡象。不良的健康狀況會藉許多方式表現出來，但在一開始並不明顯；因此，你有必要警覺任何不對勁的徵兆，即使你並不覺得不舒服。隨時注意你的感受、你的能量水準、你的活力狀況，以及你看起來如何。

化疾病為恩惠

不管你遭受哪種疾病折磨，靠著以下練習，都能將問題轉化成正面的、有益生命的能量。

要了解反覆出現的病症，你可以每週做一次練習，每次二十分鐘。若你病得很重，可以每天做許多次，至少連做一個月。

用自己覺得舒適的姿勢坐著或躺著。閉上眼睛。跟著呼吸起伏，感覺你的身體、器官、血液、骨頭和皮膚。保持全神貫注；當你感受到你的病症，便專注於它，看它揭示跟著你的理由。現在，看著病症開始隨著一道明亮的橙光律動；這道光將充滿你，讓你的病症開始改變樣貌，變得越來越稀薄，創造出良好、純淨而有愛的能量。你的身體得到療癒，心中將湧出活力，流遍身體與心靈，帶來理解、寬恕與智慧。

運用這個練習，也能幫助你了解為何某人會生病，又要如何痊癒。在練習將盡時，你可將橙光引向他們，這道光就會帶著信息返回你身。每週練習一次，每次十五分鐘。

第一次見到愛倫娜時，她二十八歲，身體卻病弱不堪。從童年起，她就一直生病，卻沒人找得到病因。多年來，她看過很多醫師，有的懷疑她的問題出在免疫系統，有的認為是荷爾蒙的問題，有的則說是狼瘡，還有的說是慢性疲勞症候群，甚至白血病，卻沒一個診斷正確。愛倫娜一直身體無力，沒法好好吃東西，衰弱到連走路都需要使盡力氣。

檢查結果清楚顯現，她的風嚴重失衡。在藏醫療中，疾病的名稱並不重要，重要的是患者表現的病徵為何、身體哪個部分不平衡。我也發現，愛倫娜根本沒有「好起來」的念頭；她已失去與良好健康狀況聯繫的能力，相信自己不可能痊癒。無論如何，她確實擁有改變狀況的決心，而這就很有幫助。我治療她的風失衡，還教她化疾病為恩惠的心念練習，她答應我未來幾個星期每天做三次。

一個月後，愛倫娜回診時，已有明顯改善。剛開始練習的七天內，她病得更重了，但那之後，練習即發揮療效。她慢慢開始能吃點東西，體重也增加了，感受到更多的能量。她從練習領悟到，她的病都來自對生命的恐懼。她十歲時姊姊去世，而這引發了她的恐懼，並進一步造成她的病。對這個事實的理解，幫助愛倫娜做了個選擇：她要健康地活著。

三個月後，愛倫娜完全蛻變。她興奮得幾乎是用跳著進我的辦公室，告訴我她覺得好極了。她本來停掉的月經恢復了，體重也變得正常，她父母都為她的改變震驚。

兩年後，愛倫娜成為一位藥草師、治療師，也有了男朋友，過著正常而快樂的生活。

負責任

想要平衡生命、創造身心安康，就表示你願為自己的生命與健康負責。對許多人來說，這也表示能更果斷地選擇適合自己的事物，學著更頻繁地說不。對某人或某事說「不」，就是對自己說「是」；當你拒絕一樁額外的差事，不管是超時工作，或是別人想丟給你的負擔，你就保護也關心了自己。

負責任也表示信任自己，知道什麼對自己最好。這意味著傾聽你的身體，知道它想告訴你的。人會生病，往往是因為忽視了身體給你的訊息。

有時，我們也有必要對別人善意的動機與建議說不。全盤接受他人建議會傷害你自己，因為有些不見得適合你。學著發展且信任關乎你健康的心念能量，你會發現負責與學習說不並不難。

如果你正在生病或一直生病，下面的自我探測三要點，能幫助你修持健康的心念能量。只要你回答這三個問題，你就會知道對自己的感覺、思考與行動方式，也會了解要怎樣負責讓自己好起來、保持健康。

一、你是怎麼病的？當你發現自己病了，感覺如何？

二、你是否用自己的病去影響別人？

三、你相信自己能痊癒、重獲健康嗎？

瑪格麗特在一家食品處理廠工作多年，一天下午，她感到非常不適，甚至要坐著才不致昏倒。她被帶回家去，之後幾天內，情況變得更糟。她得了肝炎，情況嚴重得讓她體重直掉，她很怕自己會死。最後，她被送到醫院。

醫院做了各種治療，但沒一種方法管用。她的家屬請我去醫院，看能怎麼救她，在得到醫院同意後，我前往看她。

我們談了一陣子，我告訴瑪格麗特，只有她能替她的病負責，而要不要相信自己知道需要什麼，決定權也都在她。我要求她盡量誠實地回答上述的三個問題，並依她的答案行事。

幾天後，瑪格麗特的兒子打電話給我，說瑪格麗特辦了出院，決定要自己進行食療，並在家休息，天天祈禱。

兩個星期後，瑪格麗特已經可以下床，也覺得好多了。醫生對她康復的程度很驚訝。我再看到瑪格麗特時，她說她發現了內心寶貴的智慧，當她願意相信自己，也就知道自己究竟需要什麼。要對醫師說不確實很困難，但那也是對自己的療癒方式說是。而她本能地知道，這樣的療癒方式才適合她。

釋放身體的心念能量

身體有自己的心念能量儲存室，等著被釋放。這樣的儲存室，靜置在你的神經系統、腦、心、肝及生殖器官裡。這些器官會與心念能量創造出一種特殊的共鳴，進而產生自己的心念能量，讓器官得以發揮作用，並調節自己及身體、心靈、生命的健康。

本小節所教授的練習將療癒你、教導你，讓你的人生產生良好變化，帶給你更深層的自我認識與幸福。

你的腦

你的腦是能量的知覺中樞。它影響你的心念與情緒，控制你的身體，引導它因應日常生活中的複雜情境。

然而，你的腦活在過去。官能會告訴它每一現況，這些它依賴的資訊看來即時，其實卻在事發約一秒後才會到達那裡。因此，我們總是活在過去，雖然我們自以為活在當下。

本教認為，我們理解真實的方式，都被我們的官能制約了。要經驗當下的真實，我們必須超越感官，而要擁有這種技術，就必須增強腦的力量。

強化腦

這個練習能增強你腦的力量，也有益減輕焦慮症及憂鬱症，並改善學習困境與經濟問題，還能增進性方面的信心。

想達到最大效果，必須每天至少練習二十分鐘，以九天為一週期，並在休息九天後，再開始第二回合的九天練習。開始練習兩天後，你就會發現自己的知覺力、洞察力與知識都有所提升。

一年做這個練習六次，兩年後，你會發現你的腦力持續增強。要注意的是，孩子必須在本教人士指導下，才能做這個練習。

靜靜坐著，心無旁騖。閉上眼睛。像平常那樣呼吸。注意力放在眉間的鼻梁頂端處，全神貫注幾分鐘。

之後，注意力放在你的後腦。你會感受到脊椎頂端處，有個小突起和一個小凹洞。對這個部位全神貫注幾分鐘。

現在，在你腦裡，將你原先專注的前臉與後腦區都移到腦中央。當它們相遇時，你會看到一個白色的光球開始在你腦裡閃耀，一開始很溫和，而後越變越明亮。專注於這個光球上。

現在，這個光球會開始從你的腦流入你身體，自己找路流進你五種官能：視覺、嗅覺、觸覺、味覺及聽覺，完全不需你指引。如果你喪失其中一種官能也沒關係，因為它的能量仍在運作。

現在，看著你的五種官能開始隨這球白光發亮。每一官能都會增強，接收你平常沒注意到的訊息，並開始擴張開來，穿過你身體、流回你的腦，建立起一種心念能量的連結。這樣，每一官能都會像一個導管、像無盡的泉源般，將自己所知提供給你的腦。

現在，將白色光球再次引入你的腦，以增強它天然的功能和能力，但你毋須知道或列舉它們為何。你只需感受你的腦開始增強，釋放出你沒意識到的功能與能力。

馬克一直苦於焦慮症。這樣的模式深植於童年，又延伸到成年。他有個好工作，還有位愛他的女友，但這些都沒法幫助他。他的焦慮症讓他倆的關係變得很緊張。

三十三歲時，馬克產生睡眠障礙，還飽受病痛折磨，享受生命對他來說，成了希罕的事。他怎麼吃藥都沒用，焦慮症終於主導了他的生活，甚至到了失去日常生活能力的地步。

嘗試許多方法都失敗後，馬克找上我。我告訴他強化腦的方法，要求他練習九天後回診。

回診時，馬克告訴我，才開始練習幾天，他的焦慮症就開始消散，讓他覺得冷靜平衡許多，對各種活動也都能較專注。休息九天後，他再次練習，發現自己每天都在進步，幾乎可以重新開始正常生活。

馬克現在已結婚了，過得很快樂，很享受他的生活。他身體很健康，睡得也很好，焦慮症已如過往雲煙。他還是定期練習強化腦，以保持生活平衡。

與中央神經系統相連

你的中央神經系統，乃是純淨心念能量的鮮活體現。它是人體最主要的聯繫系統，涵納了我們肉體實相與人類起源及演化的深奧學問。當你與你的神經系統相連，就開始能覺知自然萬物彼此的連結。釋放你中央神經系統的心念能量，會對你的人生產生深沉的影響，帶給你清明、洞見與改變的能力。在面對中央神經系統失調、憤怒、工作過多、事業升級的需求以及與財產爭議相關的問題時，這種能力會特別有用。

強化中央神經系統的練習，方式與強化腦的相同；也就是先練九天，休息九天後，再練九天。一年不要練習超過六次。

閉上眼睛。盡量保持安靜。把注意力集中在你的脊椎頂端，再讓注意力從頂端順著脊椎滑下來，然後再爬上去。讓它慢慢來。重複這樣的動作三次。

接下來，在心裡把注意力移轉到你的脊髓。此時，你的神經系統會開始回應，引領你的心在體內旅行。

旅畢，讓你的注意力在脊椎最頂端，也就是頭的底部休息一下，然後將一道柔和的、藍白相間的光，傳送到你的中央神經系統。看著這道光往外擴展，超出你的身體，在你上下左右超出各約三公尺遠。在此擴展範圍內歇息。

然後，開始感受所有流向你的訊息。就只是接受它，不要試著去了解，因為它會自己向你解釋。相信這點。

傾聽你心臟的智慧

你的心臟不只是血液的幫浦，它也影響你的情緒與心念，還反過來被它們影響。傾聽你聰敏的心臟，你會了解你身體與情緒健康的真正狀態，並了知你生命力的本性。

這個練習能讓你非常放鬆，教你與自己的身體相連，好讓你更了解它。想改善心臟的各種疾病與狀況，或修補一顆破碎的心、處理關於背叛的問題，這個練習都很有效。它也有益於家庭重圓、找到自己的家，並創造愛和幸福。

做這個練習十天，每次想做多久就做多久。之後，每個月練習一次，每次不要超過二十分鐘。連續三個月後，停止三個月，再開始另一回合的三個月練習。

靜靜坐著，閉上眼睛。傾聽你的心跳。全神貫注於你心跳的聲音。現在，隨著心臟所輸運的血液，讓你的心流遍你全身。當你回到你的心臟，就把心嵌入心臟各處。讓你的心安居在那兒，睜開眼睛，靜止一會。

愛你的肝

肝是你身體、心靈、生命的解毒劑。當它清掃你身體時，也就清掃了你生命的淤積物、垃圾、不需要的情緒與痛苦。下面這個練習，能幫你減輕問題，帶給你解答，改善你經年累月的健康沉痾，對肝病、上癮症、新陳代謝失調及不當行為也頗見效。它還有益你整理自己，以開拓更好的生活。

如果你不確定肝在哪裡，查查健康書籍。

每次練習二十分鐘，一個月一次，連續做整年。

靜靜坐著，心無雜念。把專注力放在你的肝上，讓它在肝裡遊走。在肝裡感覺

它怎麼清理你的身體。你會看到從肝裡顯現一道閃耀的綠光。此時，讓它淨化你的肝，再淨化你身體的疾病、痛苦與疲累。讓它淨化心中負面的行為、情緒與未經修持的心念能量。讓專注力停駐在你的肝裡，靜止一下。

喬西覺得人生陷入瓶頸。她的歌手大夢一直不順遂，生活中其他層面也有如煉獄。她一身是債，覺得家人及朋友也對她施壓，要她別再想唱歌這回事，趕快找個工作。然而，喬西熱愛唱歌，堅持不放棄，只是她不知道要怎麼找她所需的機會。

做了肝臟練習後，喬西了解到生命陷入瓶頸的原因，也領悟自己得改變讓計畫停滯的事物。她搬到城市，換了經紀人，也發展另一種歌唱風格。一年內，她得到了唱片合約，如今，她已是位出色的爵士女伶。

強化生殖智慧

男性

男性的生殖能量，是男性心念能量裡性能量結構的一部分，但在這個角色之外，它更是誕生了世界與宇宙的生殖心念能量。男性的生殖心念能量，能讓我們醒悟並理解事物面目何以如此。

這種能量負責處理刺激、指引與反應。它引爆行動而後平息，它尋求被認可，它提出挑戰，它不斷問問題，渴欲答案。

以下練習能幫助懷孕，也能改善男性性慾問題及關於生殖的各種狀況與疾病。還能為羞怯的男性創造信心，治療長期的憂鬱症。

如果狀況緊急，每天做這個練習十五分鐘，連續做兩週。正常情況下，一個月或隔月做一次就好。

靜靜坐著，讓心思專注於鼠蹊部。全神貫注，保持心思靜定。開始體會此處能量的無限力量。讓這份能量向上移動，進入你身體，停在你的心臟，感覺它那上升的湧動深入你心。當你感覺到了，便讓這份能量將理解、療癒力與生命力，帶入你身體。

路易士不知如何和女人保持親密關係。他發現自己很難讓女人接近他。他在性方面全無自信，也毫無所謂的男性尊嚴。他自尊如此低微，自己都難以想像哪有女人會要他。

他認識了珊卓拉。她愛他，渴望更接近他，路易士卻老是推開她，搞得兩人感情岌岌可危。

在與路易士談話中，我很容易就發現路易士失去了男性氣質與男子氣概，也不了解身為男性的福分。然而，開始做強化生殖能量練習兩週後，他就覺得自己大有改變。他開始喜歡並溫柔對待自己的身體，也以身體自豪。他發現自己的性活力提升了，在心理上也能接受珊卓拉更接近他，而無被威脅感。

女性

女性的生殖能量，了知所有事物的起源與過程。它威力無窮，卻又極為安靜；它觸及生命心念能量中最深沉的面向。透過這份能量，所有問題都能找到解答，所有事情都能從心念能量引發，產生實際進程。

以下這個練習，對各種女性生殖疾病都很有效，還有助於建構女性意識與靈性，喚醒女性智慧，並去除所有負面信念與行為。

萬一妳已摘掉子宮，不用擔心，它的心念能量依然存在。

每次練習三十分鐘，做多少次都可以。

閉上眼睛，像平常那樣呼吸，讓心思專注在妳的子宮，靜靜地待在那兒。這樣，一道柔和的粉紅光會開始在妳的子宮內閃耀，並向外流出，流遍妳的心靈與

身體，再流回來，在妳的子宮內聚集。心思持續專注在妳的子宮。其他什麼也不要做。

帕蒂渴望生小孩，但他們夫婦倆試了五年都失敗。他們試了各種醫療建議，但都毫無成效，帕蒂真怕自己永遠沒法當媽媽。看著姊妹和朋友都有小孩了，她覺得自己不是個真正的女人，非常挫折。

我看到帕蒂時，她顯得非常不快樂，夫婦關係也很緊繃。我要求她每天做女性生殖能量練習，連續做一個月。

在這段期間，帕蒂對自己的感覺完全改變了。她變得比較能欣賞自己的身體，也開始再次喜歡當個女人。她的夫妻關係改善了，兩個月後，她懷孕了。

身體健康

很多人與疾病共存已久，很容易忘記真正的健康是什麼樣子，忘記容光煥發、活力充沛的感覺，也忘記健康有多麼珍貴。人類各有不同，保持健康的方式也大異其趣，然而，在各色各樣的方式背後，只有一個真理：你的心念造成你的健康狀況。

不論你身分、樣貌、年紀、條件如何，健康與美麗這純淨強大的心念能量，此刻正在你體內，等著你辨識擁有。日以繼夜，時時刻刻，健康一直與你共處，等你認可。只要你發現，就能輕鬆顯現、宣示這健康的心念能量。療癒的力量從不需外求；它一直在你體內。

健康的心念練習

做這個練習，能讓你觸及體內絕妙的健康能量。

一週練一次，如果你需要，也可以做更多次。每次須準備好充分的時間，需要做多久就做多久，切莫急急忙忙。要達到最大效果，最好的練習時間是清晨日出前，但若在其他時間練習，效果仍很好。

坐著或背靠地躺著，確定你的頭保持筆直，身體重量平均分布。閉上眼睛。放鬆你的呼吸，盡量保持平緩。

現在，想像你的身體、情緒與心念，從你頭頂中央開始往下流遍全身，直到觸及你腳趾頭頂端，便開始緩緩消解，一點一滴地，消解成一小撮紅色的細粉，只剩下你在裡面，剩下你的人格、你的意識。如果可以，停在這個狀態至少十分鐘，並利用此時，好好看清楚自己想變成的模樣：一種活力十足、健康無比的狀態。

接下來，選擇一樣在你生命中很重要、卻無益你健康的事物，準備丟棄它，不管它是一樣活動、嗜好，或是某個野心、某段關係或某個物體。在心裡為這個事物勾勒出圖像，然後把這個圖像扔到那撮細粉上。當這個圖像撞上那撮粉，粉就會頓時燃燒成一柱火，一柱藍白相間、明亮而炙熱的火。你的意識會在此時進入這柱火的中心。

現在，看著你的身體繞著你重新長成，長得健康而強壯。你會體會並感覺到全新身心的每一部分，都鍾鍊入你生命，而你的意識會與身體合而為一。

此時，當那柱火猶然繞著你旋動，向你相信的任何力量或神祇致謝，祈請你新的身體受庇佑。吸氣，讓那柱火流入你身體。緩緩張開眼睛。

喬伊從沒真的健康過。他才四十五歲，看起來卻比實際年齡老得多，身體也似乎總有幾個地方不對勁。他要不是腰痠背痛，就是膝蓋不舒服，或是胃出狀況，最近還得了輕微的皮膚病。他是個卡車司機，工作時間很長，抽不出時間看病，這些病因此拖了又拖，變得更嚴重。

喬伊的太太美琪建議他來找我。他一來就告訴我，他不知道自己為什麼會來，也不期望我幫他。他說沒什麼麻煩事是他處理不來的。

我問喬伊是否知道真正的健康是什麼感覺，他驚愣一會後，承認他不知道。我要求喬伊每天做健康的心念練習，連續做一個月，再告訴我有什麼改變。他雖然埋怨不已，還是答應了。

一個月後，喬伊笑嘻嘻地回診，他說他開始練習時，充滿懷疑，也不期待會有什麼改變。因應練習所需，他放棄喝咖啡，他以前每天都要喝上好幾杯濃咖啡，雖然他知道那對身體無益。

讓喬伊意外的是，才練習一週，他就覺得好多了。兩週後，他發現所有病症都大有進展。一個月後，他告訴我病全都好了，現在他覺得健康狀況極佳。他開始去健身房，減少工作時數，也開始花更多時間和老婆、小孩相處。

這個練習讓喬伊與他內在真正的健康相連，而這份連結越深，他就越知道自己需要什麼，好讓生活更快樂、更平衡。

你所吃的食物

要邁向身心安康，不可能不檢視你每天吃進身體的食物。你的食物會變成你的一部分，為你神奇的身體提供燃料。在藏醫療中，食物與控制飲食都非常重要。你所吃進的任何食物，不管是好是壞，都會被身體吸收，並被盡可能運用。

當你吃東西時，你也吸入了食物從起源到你餐桌的整條鏈結中，所有相關人事的能量。高度加工的食物，或旅行了半個地球才到達你嘴邊的食物，同時也帶來它生產過程中各種能量，而其中有些可能會害了你。

因此，這條「食物鏈」越簡單，食物就越純淨、對你越有益。最理想的就是吃季節性的、有機的、本地生長的食物。

控制飲食

若只為了減重而控制飲食，對你身體和心靈的健康都不好。這樣的控制飲食不易發揮作用，若發揮作用，也是以身體健康為代價。學著信任身體告訴你「吃夠了」的訊息，遠比任何節食法好。永遠別吃得十分飽；每餐用食物填滿一半胃，再用流體填四分之一的胃就好。

本教醫術認為，每兩年冬末，你就該用大約三個星期吃更多穀類、豆類及蛋白質。這能促進你的活力，增進身心安康。

依照自己的選擇吃合理的排毒餐也不錯，這能讓你的消化系統大掃除，並好好休息一下。每季最初十天，是進行排毒療程的最佳時機，在這時排毒，能達到最大的效果，改善你的健康與生活。

你怎麼吃

本教學說認為，你怎麼吃，要比你吃什麼更重要。與其在電視機前匆匆忙忙地吃頓有機餐，還比不上緩慢平和、傾慕敬愛地吃頓漢堡和薯條。

下面是本教「健康進食」的守則：

一、對你吃的食物與吃的動作滿懷敬意。
二、絕不狼吞虎嚥。
三、絕不一邊進食一邊做別的事，比如看書、看電視。
四、絕不在生氣時進食。等氣消了再吃。
五、永遠感謝你所吃的東西，滿懷著愛吃下它。

在匆忙或怒氣中吃東西，會讓你體重增加、身體不適，還會對糖和脂肪上癮，並引發反社會心態。

若你懷著愛與敬意，從從容容地吃東西，並由衷欣賞你的食物，則能為你帶來健康、智慧、愛與活力。

馬修是位健身教練，在一段生命中的沮喪時期裡，他開始吃速食。這樣的食物安慰了他，好像帶走他所有的壓力與焦慮。很快地，馬修對速食上了癮，他熱愛奶昔、漢堡及各種油炸食物，而且無法克制自己吃個不停。沉溺在這種安慰式的吃法中，馬修的體重暴增。兩年後，他已嚴重超重，也無法再當健身教練。一天早上，馬修醒來時，感到萬分絕望。

他來找我求診，而當我們探索他那段沮喪時期中的焦慮與問題時，他發現自己只是把問題移轉到飲食上。我用藥草與針灸治療馬修，也要求他做練習。我也鼓勵他每次進食時都感謝食物，視食物為神聖之物，懷著愛與敬意慢慢吃。

兩週後，馬修告訴我，這種對食物的態度永遠改變了他。對食物懷抱謝意與敬意，讓他了解到自己用速食緩慢地毒害身心。

一個月內，馬修已有希望挽回健身教練一職，也覺得自己強壯、健康，對自己很滿意。他不再渴欲速食，現在他吃得適可而止，也樂在其中。

運動

要保持身心健康，運動非常重要。但只有在你的心、情緒和思維與你做的身體動作完全整合時，運動才有其價值。身體如果只是在動，卻未與意識相連，固然也會得到些好處，卻很有限，也不能造就真正的健康。想要身心安康，必須擁有經過修持的心念能量。

下面這個簡單的本教練習稱作「八步」（the Eight Steps），是以本康寧（Bön Kum Nye）[2]修練系統為依據，能訓練你的身體，控馭你經修持的心念能量。我有許多患者都大大受惠於這個練習。它能幫助你保持警覺、機智、滿足、敏感、判斷力十足又滿懷慈悲。在任何時地都能做這個練習。

2 本教的一種修行法，類似瑜伽運動，在古西藏用以培訓戰士。

本教八步

衣著輕便，直立站好，雙腳微微張開。雙臂自然地垂在身側。

一、雙臂緩緩舉起，在身前伸展開來。舉臂時，想像有重物壓下來。現在，雙臂依然伸展著，慢慢抬起你右邊的臀腿與腳掌，彎曲膝蓋。輕輕抬高膝蓋，能抬多高就抬多高；抬到腰部或盡可能接近腰部時，緩緩在身前伸直腿，靜止不動，能停多久就停多久，再緩緩收腿，稍做歇息，讓左邊的臀腿腳掌也做同樣練習。接下來，緩緩收回雙臂，讓它們靜置身側，站著休息一會，保持呼吸緩慢平穩。這個步驟能增進平衡、促進精力和循環，並讓身體準備好做其他七個步驟。

二、用鼻子吸氣，並想像你正在吞嚥呼吸。讓呼吸沉入你肚臍。重複這個動作八次。這能創造身體和心理的力量。

三、在你覺得舒適的範圍內，盡量張開雙腿。雙手置於頭頂，兩手手指在頭中央相觸。此時，手掌依然放在頭上，雙手手肘往外張開。向上伸展你的脊椎、脖子、頭部，讓這份舒張的壓力與你手的壓力相連，並沿著雙腿，讓你的臀部到腳掌向下伸。做這個動作三分鐘。停止後，緩緩放下雙臂，併攏雙腿。

四、保持站立，張開嘴，盡可能伸展你的上下顎，持續三分鐘。這能幫助你伸展臉部肌肉、頸部及內耳，還能增進你的青春活力。

五、雙腿站立，雙臂置於身側，然後踮起腳來。像這樣站著，能站多久就站多久，這能舒緩並賦活你的器官，還能為身體解毒。

六、以長距離、大範圍的方式，掌心用力地摩擦全身，從頭到腳。這個動作至少要做五分鐘，能改善皮膚、呼吸，帶來心靈清明。

七、在你先前站立之處坐下。用手遮住眼睛。專注於你的雙眼。看著活力從你的雙手流入雙眼，你的腦，然後穿越你的神經系統，帶來平和、平衡與活力。

八、喝兩小杯不含氣泡的水，越純越好。盡量慢慢喝，看水逐漸充滿閃爍的、白熱的光球。感覺這光遊走於你五臟六腑，而後被你的心與身吸收。這能讓你變得乾淨、純粹且平靜。

這個練習什麼時候做都可以，但你一定得依照順序做完所有步驟。然而，倘使你累癱了、覺得疲憊不堪、生了病或頭痛，或是在旅行途中乃至有時差問題，就依你想要的做其中任何步驟。

睡眠

生活中，大多數人都花許多時間在睡眠上。有鑑於此，古西藏人發展了一套極為精密高妙的方法，能在睡眠時治病、發展智慧與開悟。

我們花在睡眠的時間珍貴而有滋養力，值得我們敬重以待。睡得太少，卻想驅動身體運作，就像燃料明明不夠，卻想讓車奔馳一樣。這只會讓身體動不得、跑不開。

每個人所需的睡眠量都基於個人選擇。有些人需要得多，有些人需要得少。用你的智慧判斷自己需要多少睡眠，然後確定自己睡得夠。

睡眠的心念練習

這個練習能增進你的睡眠品質，幫助你揮別失眠，滋養你的入睡時光。它是一種療癒、平衡心念能量的方法，安全有效。

若你心情劇變、過度憤怒或覺得被情緒淹沒，最適合做這個練習。若你覺得自己太敏感，或變得很容易陷入他人的心念、沉溺在生活或新聞中的事件，也可以做這個練習。它還能減少不安、改善各種恐懼症或反社會行為。

在你平常入睡時刻前三十分鐘做這個練習。讓自己保持溫暖自在，頭、頸、臂、背都得到良好支撐。確定你的脊椎與臀部放鬆且伸直。閉上眼睛。開始專注於你平常的呼吸，緩緩將它拉長、加深一些。現在，在你的心裡看到一線柔和的白光，閃耀如一處遙遠的燈塔。想像你在風中飄浮，緩緩地飄向那道光，身體恍如沒有重量，一切只剩下你、你的心與那柔和閃爍的白光。此時，專注於你想療癒的心態與行為，將它置於你與那道白光前面，看那閃爍的光變得巨大無比。它那柔和的光線將會開始化解你的心態或行為。

現在，你會聽到從光裡傳來鐘般的美麗聲響，體會到一種巨大的純淨、平和感，充滿了療癒力。你會聽到一個聲音，像林中風聲或綿綿拍岸的浪聲般圍繞你，低語著：「睡吧，現在，睡吧。」你會就此入睡，在該醒的時刻醒來。

每晚做這個練習，至少做三個月。不用煩惱到底要做多久，因為它講求的是在練習時入睡，並在入睡時繼續作用。在三個月期滿前，你就會感到你的心與行為都在慢慢改變。

麥可從青少年初期就苦於各種恐懼症、行為問題、強迫性念頭與失眠症。雖然他有許多問題，還是一直在國際機場當輪班工人。然而，他覺得他的病越來越嚴重，很怕自己即將崩潰，終於來找我。這時，他已五十歲了。

我要他做睡眠的心念練習，還要他在練習時，逐一鎖定自己的問題。他雖然不大相信，還是同意照做。開始練習三週後，他開始可以在夜間入睡，並在一種真正平和、平衡且滿足的感受中醒來。六個月後，他的許多症狀都消失了，也能正常睡眠，一夜睡足他渴望的八小時。

到了這階段，麥可有勇氣去找心理師諮商，而這位心理師幫助麥可克服了許多他依然存有的心理問題。

麥可扭轉了他的生命，他的太太對丈夫變得放鬆快樂、不再受心靈之苦，也欣喜不已。

愛的療癒威力

不論哪方面的健康，都是來自愛的心念能量的一部分。愛是最終的靈藥，是所有心念能量中最具療癒力的。

愛的心念能量是人類給自己最寶貴的禮物，因為愛能在一切中辨識出自己，且不論人生順逆，都在最意外的地方等著我們。從戰場到職場，從病床到教室，在雨滴裡，在對心碎傷口的撫慰裡，在我們最後一口氣裡……愛都與我們同在。

我看過許多病人在經驗了愛的療癒威力後，突然從苟延殘喘變得生機蓬勃。他們可能認為這是外力作用，但其實他們只是吸引到自己體內強而有力、伸手可及的愛的心念能量。

我們要怎麼天天體驗到這樣的愛？要怎麼用愛來療癒自己和他人？只要靜定坐著就好。發現寂靜的重要性，並傾聽你內在的自我，你就能發現愛的心念能量。你毋須做任何特別的觀想，也毋須具備任何條件，因為在愛裡面，人人皆平等。人人都能經驗愛。

每天做三次下面的練習，每次做五分鐘，總共做十五分鐘。時間分別是起床時、午餐前及睡前。

閉上眼睛，傾聽周遭的聲音。傾聽體內所有聲音與你心的嘈嚷。把所有聽到的聲音都當作你的朋友。

現在，透過傾聽這些聲音，你會體驗到愛的心念能量。它無止無盡，極具韌性，智慧而易近，個人又普及，喜樂而堅定。它既童稚又古老，既天真又通達；它是你所是、你所能、你將為。

李三十多歲，極為傑出，雖然白手起家，卻能為每位家人買房子。他已婚，妻子和兒子都很可愛，然而這看來美好的一切對李毫無意義，因為他正陷入心靈危機。

他身體糟透了，覺得自己永遠也不會好，靈魂也已絕望。

我和李談話時，很快發現他充滿憤怒，而這份怒氣多年來都侵蝕著他。

我要求李傾聽愛，一天練習三次。他顯得很不耐，根本不想練習，但還是看在這是他可能的希望上，勉強同意了。

三週後，李來回診。他告訴我，開始練習後，他便發現自己與一條巨大的愛之流相連，而有了這份體會後，他的憤怒便開始化解，愛也充滿他生命。最重要的是，他發現了心靈之愛，那隱藏在一切事物後的火花。他學著將這份新發現的心靈之愛，運用到生活的每一層面。他的公司更蓬勃了，而他則與更多人分享自己的財富。

當李的妻子遽逝，他遭遇了另一個重大的危機。但他發現的愛帶領他穿越悲傷，給予他力量照顧兒子。

完美平衡

邁向生命中的完美平衡，並不意味你得固守一樁嚴格的計畫，或剝奪你原本享受的事情。相反地，它意味的是享受許多事情。

在西方社會，我常常看到人們以為保持身體健康與平衡，就得要拚命努力、忍受不舒適。他們黎明即起，趕到健身房，吃不想吃的東西，遵守自己至多幾週或幾個月就會放棄的生活規則。然後他們投降，認為保持健康實在太難。

我會建議這些人以全然不同的心態，重新開始。過得好表示過你享受的生活，且是一種你能掌握、容易做到的生活。過得好也表示日子有樂趣，笑聲不斷，有時抽點時間出來什麼事也不做，愉悅而享受地運動，以及快樂地吃。這樣的生活沒時間狂熱、發怒、自我懲罰。正如你怎麼吃要比你吃什麼重要，你怎麼生活也比你生活中有什麼重要。過你真正想要的生活，不要當別人規則的奴隸。努力工作，但也要好好玩。待己待人都要寬容。聽你身體告訴你的訊息，也相信這就是你身體需要的；這就是能讓你身心安康的經修持心念能量之基礎。

第八章

自由的喜悅

古本教把自由看作一種獨立的狀態，外於人類所稱的權利及社會性的自由而存在。這種自由藉由經修持的心念能量所創造，能永遠存在你內心，不受外在狀況限制，想獲得它，你就得修持、培育心念能量。外在的自由受易變的環境與能量支配，永遠變幻無常；內在的自由則一旦企及，便恆久不變，充滿寧靜、和諧與了悟。

幾世紀以來，全世界的人們都在追尋自由（freedom）、換取自由、為自由而戰，也為自由而死。自由既是一種實際的、可測量的特質，也是一種理想的狀態；既是隨心所欲發言行事的權利，也是心靈自在遨翔的能力。就西方社會來說，一方面擁有為世上其他人豔羨的自由，一方面又缺乏一種許多人渴想的自由。

西方社會傾向以物質項目來定義自由。人們擁有多少自由，經常是以金錢、政治權力、有沒有房子、住在哪裡、做什麼工作、送小孩上什麼學校及怎麼度假來判斷。當然，這些項目是很重要，畢竟民主得來不易，自是珍貴；投票權、發言權、合理薪資與選擇生活方式的權利，其重要性也無庸置疑。

然而，在西方社會，有許多人雖然擁有上述一切，卻還是覺得不自由。他們覺得自己陷入工作、義務、責任、壓力與壓迫中，弄得透不過氣。這都是因為他們沒有內在自由；最重要的一種自由。

古本教把自由看作一種獨立的狀態，外於人類所稱的權利及社會性的自由（liberty）而存在。這種自由藉由經修持的心念能量所創造，能永遠存在你內心，不受外在狀況限制，想獲得它，你就得修持、培育心念能量。外在的自由受易變的環境與能量支配，永遠變幻無常；內在的自由則一旦企及，便恆久不變，充滿寧靜、和諧與了悟。

本章，我將先要求你檢視自由對你來說是什麼，並自問想要什麼樣的自由。我將列舉本教認為的十四種自由，並提供你一個稱為「喚醒五護使」（Awakening the Five Protectors）的心念練習。這個深奧的心念練習，乃是喚醒並發現各種形式的自由的方法，不管你要尋求物質的還是心靈的自由，它都能讓你移除路上的障礙、得到內在自由，而這份自由，又會讓你在人生各層面創造更大的自由。

你認為自由是什麼

要了解並體會自由，你先得決定自己尋找的自由是什麼。你認為自由是什麼？是有一大堆錢嗎？是從穩定的關係而來嗎？如果你想做任何事都可以，全不需考慮後果，這樣算自由嗎？自由是政治自由嗎？是性自由嗎？是宗教自由嗎？還是依你所在的時代而不同？

也許自由對你而言，意味著拋開成為你生命包袱的義務與責任，但仔細想想，這樣我們不過是把問題推給義務，然而問題其實出在我們對義務的感受。我們生活在社會中，而社會必然包含各種責任。我們有工作、家庭、社群，它們組成了我們生活的結構，也要求我們守承諾、盡義務。有時，我們會認為在這結構中的一切都理所當然，但許多時候，我們又會覺得負擔太沉重，因而受壓力之苦、健康被摧殘，最後巴望著我們曾重視的這些事物消失。

在這種情況下，擺脫責任根本談不上自由，那只是一種改變生活或重塑結構的方式；只有在我們面對並承擔這些責任時，才談得上自由。如果我們滿懷著愛，輕鬆喜樂地承擔責任，那它們就算不上負擔；如果你知道所承受的生命責任是自己選擇的，你就會了知你是自由的。當我們發現生活中結構與義務的內在美麗及心念能量，我們就能轉變它們，自己也才能變得快樂。因此，對你而言，自由應該就是在生命中尋找快樂之道；即使在那些單調或沉重的面向。

本教認為，重要的是你覺得自己自不自由。要了解自己自由與否，你得先坦承自己想擺脫什麼。承認之後，你才能明白是什麼讓你的生命停滯不前：可能是某種情緒、某個人，或是某個情境。重要的是要知道那是什麼，因為你生命中的這些阻礙，即是你通往自由的鑰匙，能為你指引前面的路。

如果你想了解是什麼妨礙你的自由，可以自問以下問題：

- 你是否覺得被某些情緒或狀況控制？
- 有些老問題你是否自以為已處理好，卻一再發生？
- 你是否遭逢心碎之苦，覺得難以治癒？
- 你是否活在失去伴侶或孩子的恐懼中？

- 你是否很容易因為新聞事件恐慌？
- 你為錢煩惱嗎？
- 你覺得寂寞嗎？
- 你是否為自己或為逝去的摯愛悲傷？
- 在你邁向成功之路時，你是否覺得慘遭生命挫敗？
- 你是否覺得被憤怒或忌妒控制？
- 你害怕死亡嗎？
- 你害怕貧窮嗎？
- 你害怕失敗嗎？
- 你害怕獲得成功與愛嗎？

從古西藏到現代世界，這些感覺與恐懼都很普遍。你對這些問題的答案只要有一個是肯定的，就表示你像許多人那樣，內在自由受到了限制。與你相關的這些問題，將指出你的限制在哪裡。恐懼、悲傷、憤怒、忌妒、懊悔與焦慮，都會封鎖你的內在自由之路。然而，一旦你辨識出是什麼阻擋你，你就能運用喚醒五護使練習，來清除障礙、找到內在自由。

自由的十四種類型

這十四種自由是本教大師經過兩百年觀想，在一千八百年前，也就是西元三百年時認可的。大師們自問：眾生在物質世界若要過得快樂，究竟需要什麼？他們知道不是每個人都能成為崇高的心靈大師，但每個人都可以得到心靈與物質的快樂。這十四種自由關乎把家整理得當、了解自己的所有需要、確定生命每一領域都有所發展等等。

要全部實現這十四種自由，是一輩子的事。大多數人往往只擁有其中一些，缺乏另外一些。你得尋找自己最缺乏的自由，然後開始追求。這十四種自由，都能經由伴隨它們而來的心念練習「喚醒五護使」達成。你可以藉這個練習來發展你最需要的自由，然後在適當的時候轉而發展其他自由。

十四種自由如下：

一、財務自由
二、情緒自由
三、知識自由
四、遠離負面人物的自由

五、性的自由
六、政治與身體的自由
七、選擇吃什麼的自由
八、用你的方式教導孩子的自由
九、精神信仰的自由
十、遠離憤怒、痛苦、折磨的自由
十一、過適合自己的生活的自由
十二、相信自己能如願改變人生的自由
十三、能推進你人生的心靈自由
十四、你所了解且珍愛的自由

一、財務自由

這種自由能讓你做很多事情、有很多選擇。這是大多數人都想要的自由，因為他們認為它能解決自己的所有問題。當然，它其實不行；但它確實能帶來許多好處。

不管財務自由看來有多重要，它其實只關係到你人生的一小部分。要尋求這種自由沒什麼不好，但絕不要把自己等同它，否則你就會被困住，失去尋找真正內在自由的機會，而這種自由遠比財務自由來得有價值。

二、情緒自由

情緒自由指的是不管感覺到什麼，都保持自由自在，當感覺升起，就接受它，跟隨你的衝動。我們的情緒常常受限於判斷和規則，像是：「我不可以生氣」、「我不該再傷心」，或是「我討厭難過的感覺」。拋開這些限制，我們就能自在感受所感受的，平和地接受情緒。

然而，情緒做為心念能量有其侷限性，只能負載我們到這個程度。情緒這個心念能量屬於日常心中那個反射性的世界，會讓人耽溺其中。如果以這樣耽溺的方式運用情緒這個心念能量，你就失去情緒的自由。

情緒最寶貴的價值，在於它能帶我們走上智慧之路。運用理性，我們就能從情緒中學習，邁向更高層次的自由。你藉情緒所體會的自由，能幫助你了解自己與他人人性的本質。當你明白你情緒的強度、深度及品質，就能了知自己感受的能力，並進一步了解自己知性自由的能力。

馬歇爾家財萬貫，他所擁有的財產能讓他過許多人豔羨的生活。他事業成功、名車無數，還遊遍世界名勝。

然而，馬歇爾覺得內心滿是裂痕，寂寞不已。他與別人的關係充滿不信任，他自己也從未能真正信任別人。這點是繼承自他父親，他父親老是害怕別人覬覦他的錢，而這也成了馬歇爾的負擔，讓他孤立受困。他無法敞開心胸，無法去愛、去與人交流、去做自己。馬歇爾需要找到第二種自由：情緒自由。

馬歇爾來找我，在我們談話過程中，他逐漸了解他對自己一無所知。他開始做「喚醒五護使」練習，請求五護使移除自己所有情緒障礙。

六個月後，馬歇爾開始注意到生命中的改變。人們對他比較坦誠了，用以往不曾有的方式對他微笑、開玩笑、說話。他知道這是因為他表現得不同了；那些人只是對此做出回應。馬歇爾發現自己開始交到朋友，並開始學著信任別人。他學到，若他表示出坦誠與信任，就能吸引別人；這些人因為他是他而喜歡他，不是為了他的錢。

因為學著信任他人，馬歇爾為財富注入了意義與價值。他開始用這些錢去幫助他人，並在一年半後與一位出色的女性墜入愛河，結為連理。

三、知識自由

知識自由不只是公開發表思想而無懼指責的權利，也不是愛怎麼想就怎麼想的自由。知識自由絕不僅是學術自由；擁有知識自由，表示我們了知凡世間思考的機制與結構，因而能讓物質世界照我們的指引運轉。在這種意義上，知識自由乃是我們貢獻給社會的生命泉源，若有所謂最有力、最讓人振奮、最有價值的自由，它必定是其中之一。要得到知識自由，我們得做無數智力的鍛鍊、付出與探險，一旦達成目標，我們就擁有了生命中滿足與幸福的基礎。

四、遠離負面人物的自由

當他人透過行為或言語，將負面能量引向我們時，我們會覺得自己的自由被壓制。負面人物直接或間接試著控制、壓迫他人自由的例子，在世上屢見不鮮：在關係裡、在職場中、在家人間、在街道上……在任何一種情境裡。有時，我們會因為太驚慌失措而被得逞，覺得自己吃了對方的虧。不管對方是我們認識的人或陌生人，接收到他人的負面性都令人不快且驚駭。

要從這種負面性獲取自由，你得用經過修持的心念能量來保護自己。喚醒五護使心念練習能幫助你達成目標。

你無法制止負面人物傳送他們的負面性，但你可以選擇不接收或不被影響。若你能這麼選擇，你就得到了自由。

五、性的自由

在西方社會，性自由通常被描述成嘗試有許多性伴侶的自由。數十年前，性解放與避孕藥同時問世，擊潰了許多屏障，開啟了「隨性」時代：比起過往歲月，性行為年齡層降低了，性事益發頻繁，人們也有更多性伴侶。

西藏本教對性自由的概念完全不同。這裡所說的性自由，指的是與一個伴侶在平衡而穩定的關係中，發現狂喜、合一、快樂。

凡是人類，都本能地深深渴望性能量與靈魂中性能量的聚攏。性在最有力、最精神性的層次上，可說是種奉獻與頌揚的行動，也是兩人間所能有的最深的連結，是親密的極致。

身體中性慾望的覺醒與轉變，能啟發我們了解靈性，也讓靈性得以活化、發展。有些性帶有神聖目標，特別訴求那些渴望靈性成長，又想獲得世俗快樂的人。過去二十年來，東方的密續修行變得廣為人知，總被聯想到性與關乎性的修行。然而，在密續中，性其實只占了很小一部分，密續真正要教人的是怎樣用一種平衡的方式轉變性能量，好快速證悟。密續對道德、倫理以及怎樣與你雙運的伴侶工作、生活，都有很嚴格的規定，更鼓勵性行為應擺脫色慾、貪婪與憤怒。

密續與其他以性修行心靈之道，教導我們把身體當作聖壇般尊重、滋養，在這處聖壇，心靈與性是相互融合的。密續認為，從容的性過程能讓人學習喚醒所有感官，並體驗性心念能量的深度與深奧。如此，你的身體將取代你理性的、慣性的思考，而自我所有的常規陳俗，都將蛻化成對生命與生活的感謝。

本教的看法與此類似。本教認為，經過修持的性的心念能量，能使我們在身體上較不受壓抑，在道德上更為有力，如此，我們才能了知整合的、虔敬的性能量之自由。

六、政治與身體的自由

這種自由在世上許多地區被濫用、被否定，而它其實源於也終於你，以及你對周遭、國家及地球的心念。這是因為，不管是哪種政治系統，都來自一連串心念能量，這些能量會聚集累積，構成更大的心念能量結構。

當你能以經過修持訓練的行為及心念能量引發、影響周遭事件時，你就擁有了這種自由。比如，像籌畫地區停車場這種凡世事務，每個人都能發揮影響力。要注意的是，你必須是為了眾人福祉而貢獻，而不是只為了你想得到什麼：在本教的觀念裡，只想給自己找個更好的停車位的念頭，是未經修持的；想讓所有需要停車位的人都遂願，才是經過修持的心念。同理，全體的政治自由，遠比只是選擇投票給誰來得有意義。政治自由，可說是民眾全體的責任，以確保社會公平、誠實且得到妥善照顧。

身體自由與政治自由密不可分，也講求全體的自由，需要你貢獻己力。若有任何人坐了冤獄，我們都該運用經過修持的心念能量來拯救他們。

七、選擇吃什麼的自由

你也許會覺得很奇怪，選擇吃什麼和自由有什麼關係？關係大得很：人們透過食物來獲利並控制。今日，控制你吃什麼的人藉著食物分配與行銷，一方面直接賺取暴利，一方面間接影響你及你孩子的健康，乃至世上整條食物鏈的健康。

本教認為食物本身會儲存心念能量，因此，你每次吃東西的時候，吃進去的不只是食物，還包括食物從製造到出現在你餐桌的過程中，所有相關者如栽種者、分配者、店家、超市、工廠或有機農等人的心念能量。

因此，選擇吃什麼的自由，不只是愛好的問題，還是警覺力的問題。你得警覺自己吃什麼、你對食物的態度，以及你在用餐時最主要的心念能量為何。

你有權利決定買哪種食物，以及為什麼要買。選擇含有心念能量的食物，比如不含化學成分、不傷任何人畜的健康食品，能幫助你在人生其他層面發展經修持的心念能量。

喬治罹病多年，一直覺得自己被這身皮囊及病症所困。最後，他臥病不起，還得了重度憂鬱症，覺得自己毫無自由去做任何事或成為任何人。生命是座監獄，而他找不到逃脫的鑰匙。

喬治的太太來找我求助。她已照顧他多年，而她覺得喬治一旦沒人幫忙，就會完全放棄生命。他已瘦得形銷骨毀，毫無食欲或做其他事情的興趣。

我認為喬治的問題出在他對自己吃的食物過敏，這些食物一定含有化學成分和添加物。我教喬治喚醒五護使練習，要求他每天練習，連續做一週，畢竟他的問題非同小可。我也要求他開始管制飲食，只吃新鮮水果和蔬菜。

在他太太的協助下，喬治開始做練習，也開始新的飲食計畫。出乎他意外的，不消幾天，他身心的不適都減輕了。很快地，他不再痛苦了，開始重獲活力。一週內他就能下床，不到一個月，他更能走一小段路到附近店家。

不到三個月，喬治的體重增加了，也重拾對生命的興趣。不久，他找到了個可以在家工作的兼差，讓他能夠兼顧陪伴小孩，並幫太太分擔家務。

做練習和選擇吃純淨營養的食物，讓喬治重獲健康；這是最重要的自由之一。

八、用你的方式教導孩子的自由

我們對孩子的教育，從怎麼懷胎就開始了，當然也包括孩子出生時及之後，我們怎麼在心靈、情緒及身體層面對待他們。孩子在子宮學到的第一件事是：他們是被愛的，他們懷有神性的微小質素（divine spark），他們是大自然的提示，告訴我們生命無所不在。

本教認為，當一個孩子誕生，我們就都重生了一次，因為每個生命的價值都會重塑未來所有生命。「生」是家庭與生命的一聲問候，是自然世界裡心念能量的一句致意。生帶給所有關係恩典，創造了機會、聯繫了所有存在，也與早於它的一切生命產生關聯。

在本教文化中，孩子的關鍵重要性無庸置疑。本教認為，孩子的誕生，不只歸功父母，還歸功所有相關者：是這些相關者本能地領會到萬物之受神恩，覺察、體驗到萬物之神性，因而共同造就了新生命。當孩子長成，他們不只會愛母親，還會愛同樣天天予以關懷照顧的父親、家庭與鄰里。

本教教育孩子的道德準則是：

1. 父母並不擁有孩子。孩子來到父母跟前，乃是父母心念過程的因果所得。孩子繼承了母親的知性能力及父親的靈性、感性能力，父母的任務只是幫孩子開展這些能力。
2. 孩子並不擁有父母。在這層意義下，父母是孩子的僕人。這不是說父母要聽從孩子差遣或領導，而是說父母要滿懷著愛與尊重，提供孩子智慧、忠告與指引。

3. 在孩子年幼時，就該鼓勵他們盡可能獨立。他們能獨自做什麼，就讓他們做什麼。也該鼓勵孩子獨立思考。

4. 該盡早給予孩子物質資源。這裡的意思是，孩子該盡早學習管理金錢、種植食物、使用工具，並培養日常技能如縫紉、照顧動物和烹飪等。

像學校等機構那樣的外在教育形式，教的是社會技能與如何在今日世界結構中謀生，但不管它做得再好，都不會教孩子內在的心念能量。內在心念能量的教育，是父母的責任、特權與榮耀，目的在幫助孩子獨立自在地為自己做選擇、決定自己的生活方式。不管孩子出生與否、正在成長或已經長大，幫助他們發展心念能量，都能復原他們體內的神性及日常生活中的美德。

九、精神信仰的自由

精神信仰能讓人們觸及性格中最崇高的面向。每個人都需要精神信仰，以邁向圓滿而平衡的生活。只要你沒有傷害他人，你就有自由選擇任何一種精神信仰，這是你最基本的權利。在人類歷史上，無數人因為宗教與精神信仰蒙受迫害，但信仰本該屬於個人且不該被質疑，沒有人能告訴你該信什麼。

想信什麼就信什麼的自由很珍貴，但只有在你是仁人善士時，這種自由才真正有價值。所謂仁人善士，不是叫你遵循一套教義所包含的各種規則或律法，而是指個人確實觸及自己的美德；這種經驗極為深刻，因為你會發現自己有多麼奇妙：既是凡俗人類，又是靈性的體現。

想要觸及自己的美德，你只需靜坐幾分鐘，專注於內心。讓煩惱與焦慮在心中融解，你就會感受到自己的美德沸騰起來，準備現身。

十、遠離憤怒、痛苦、折磨的自由

憤怒、痛苦、折磨密不可分。憤怒源於痛苦與折磨，但也造成它們。當你大多時候都在憤怒或痛苦，你就是在受折磨，不是在生活。當你了解是什麼讓你受折磨、什麼造成你痛苦、你又為什麼憤怒，你就擁有了自由。有了這層理解，你就能不再受折磨，開始真正活著。

憤怒會變成一種習慣，時時汙染你心念。憤怒這種未經修持的念頭，必須加以修持才會變得有智慧，而要完成這種蛻變，你得重複為了第九項自由所做的練習：靜坐，專注於你內心，感覺憤怒在心中融解。當憤怒融解，就會化為經過修持的智慧。

對治憤怒、痛苦與折磨的藥方，在於你思考的方式，及你用以餵養自己的心念能量。你可以讓你的日常心中不再習慣於憤怒、痛苦與折磨，而是習於喜悅與智慧。

漢密許表面上健康成功，但他其實騷亂而絕望。他一直感到持續性的疼痛，但他看了一個又一個醫師，做了一次又一次測試，還是無法找到他到底出了什麼問題，也不知道痛從何來。他覺得自己恐怕要在痛苦中度過餘生。

他來找我時，我們很快就發現是憤怒造成他的痛苦。有時，當憤怒被埋在心中過久未表達，就會以痛苦的形式表現出來，期待被認出。

漢密許幾乎立刻就能告訴我他為什麼憤怒。成長過程中，他一直被告誡憤怒是錯的，從不被允許表現憤怒，而這從不被承認的憤怒當然就鬱積他心中。漢密許需要第十種自由，讓自己擺脫憤怒、痛苦與折磨。

我要求漢密許做喚醒五護使練習，好請五護使幫他蛻變憤怒與痛苦，轉變成經過修持的、具創造力的心念能量。

練習初始，漢密許感到他積壓已久的憤怒爆發，這讓他深深明白憤怒怎樣毒害他的身心與生命。他的憤怒開始融解，生起一股新的活力。練習不到三個月，漢密許所有的痛苦都消失了，宛如重生。他發現自己湧現一股新的創造力，開始寫起小說，還普獲讚賞。

十一、過適合自己的生活的自由

大多數人都活在社會結構中，有一大堆規則和習俗得遵守。然而真正的自由，乃是過自己覺得適合的生活。要獲得這種自由，你得先了解自己的內在力量、智慧與能力。

從古到今，西藏本教文化都有各種增加自己獨立性的方式。我常鼓勵與我共事的人做這些事，因為它們能顯現出我們內在力量的層次與自主能力。

- 在荒野中獨自待一個月。做好實際而安全的計畫。
- 把自己重要的東西，給一個比你不幸的人。
- 服務貧民一個月。過他們過的生活。
- 與瀕死者共處一個月。學習怎樣了解死亡。
- 與精神疾病患者共處。
- 與有學習及行為問題的孩子共處。
- 檢視你生命中過多的所有物，拋開它們。
- 審視你給自己建構的生活方式。那真的是你嗎？
- 發現對你生活影響最大的事物。
- 思索自己是否根本一無所知。即使你以為自己知道什麼，也其實全無根據。

從上面選一件或更多事實行幾個星期，就能為你揭示關於自己的真相。要基於你渴望的東西而過某種生活方式很容易，但要基於你渴望成為的樣子來過某種生活，就不容易了。這些挑戰能幫你審視內心世界，看你的內心是否能支撐真正的你。為了過你想過的生活，你得先知道你想要什麼，又要怎麼創造經修持的心念能量，來支撐你自己。

十二、相信自己能如願改變人生的自由

很多人都覺得無力改變生活。但那並非事實。只要我們真的想，我們就能改變生活。了知凡事皆有可能，了知我們過的生活出於自己選擇，我們就有了自由。

你是否過著未能真正實現自己的生活？你是否任自己不那麼滿足，只因你相信你無法擁有更多？你是否給自己定下很容易就能達成的目標，從不做任何挑戰？

若是這樣，你得知道改變永遠都有可能，而且都操之在你。能夠改變生活的真實洞察力與行動，存在於我們修持得最徹底的心念裡。只要我們認為且相信會發生什麼，我們就能讓它出現在生活中。要擁有這種自由，你得放掉會讓你停滯不前的偏頗執念。你體內那強而有力的生命，等著你前來揮灑。

這種自由與後面兩種自由緊密相關。它們能讓你強烈而真實地感受內在自由。

布魯斯從不相信自己的決定，也不重視自己的意見與判斷。他覺得生命中的一切，都只是剛好「發生」在他身上，他根本無力改變，也沒法選擇方向。結果，他對生命中許多事情都很不滿意。他在一家公司當行政人員，但他不特別喜歡這份工作；他在倫敦一個治安不太好的地區有間小公寓，但他也不喜歡這個家；他甚至並不真的喜歡他女朋友，她老是無止境地要求他，對他百般欺凌。

布魯斯是自己未經修持心念的受害者。他當然能改變這一切，只是他用狹隘的執念自我囚禁，才會走不出去。

布魯斯在三十三歲時來找我。這位年輕人聰明又好看，卻覺得生命陷入瓶頸，永難改變。很顯然地，布魯斯需要發展第十二種自由，也就是相信自己能如願改變人生的自由。在我們談話中，布魯斯開始辨認出阻撓他前進的執念：他認為自己並不特別能幹有才，不夠格擁有快樂，能有現在這樣就該滿足了。

做了喚醒五護使練習後，布魯斯開始化解這些無益的執念，喚醒他所需要的自由。開始練習時，他其實很猶豫，幾個星期後才對練習較有信心。而一旦他有了信心、堅定不移後，成果也開始顯現。

當布魯斯覺得自己改變的能力越來越強，他也隨之振奮，能量越見蓬勃。他不再拿能量來自我牽絆，而用它來製造正面轉變。

六個月後，布魯斯換了間新房子，也辭去工作，經營一家健身中心，還結束了那段不愉快的關係。我最後一次見到他時，他雙眼閃亮、昂首挺胸，甚至連走路的方式都不同了。他告訴我，現在他知道自己能做生命中任何想做的事。

十三、能推進你人生的心靈自由

心靈自由是種強而有力的心念能量，運用它，你就能用自己選擇的方式重塑生命。心靈自由時時圍繞著你，也可以用很多種方式運用，許多人卻都不知道它就在身邊，也不去接納它。

以下是發展心靈自由的指南，每一點都需要你仔細思索：

- 愛在你人生扮演什麼角色？它是否激發你、教導你？你能接受心靈之愛嗎？
- 你知道心靈自由無所不在，包括存在於你憎厭的事物嗎？
- 想擁有這種自由，你只需問問你內在的自我。
- 不要陷於成見或謠言、八卦或謊言。這些未經修持的心念能量會阻礙心靈自由，阻止你的生命向前。
- 保持你生命中的事物單純。

- 要活得有樂趣，但絕不可犧牲別人。
- 感謝生命中所有事情，不論它們好壞。
- 每天保持十分鐘靜默。

在日常生活中遵守這些指南，你就能察覺到心靈自由，與其產生聯繫。你越身體力行，就會越覺得生命走向你想走的方向。

美莉妲覺得人生無出路，前途茫茫。她任職於一家銀行，卻不特別喜歡這份工作。她深感空虛，彷佛自己做的每件事都毫無意義。二十九歲的她，為人友善體貼，卻覺得自己失去了人生方向。

與美莉妲談話後，我覺得她的生命中缺少了心靈。她顧到一切基本物質需求，卻沒能顧到自己心靈的缺口，才會覺得空虛。她因為父母的關係，也曾去過教會，卻因為覺得那也沒多大意思，早已不再前往。

美莉妲開始做喚醒五護使練習，請五護使移除她生命中的空虛與無望。練習了一週，她開始意識到自己心裡有個洞需要填補，也渴望心靈實現。她開始探索各種可能，發現自己在心靈治療方面大有天分。兩年後，她成了位心靈治療師及講師，還被以前工作過的銀行邀去開工作坊。

美莉妲發現了第十三種自由：能推進你人生的心靈自由。靠著心靈信仰，她讓生命得以前進，並擁有平衡。在十年後的今日，美莉妲益發成熟，她的心靈得到深刻的充分發展，能給所有遇見的人帶來正面影響。她愛她所做的一切，也感到一種深刻的內在自由影響著她所做的一切。

十四、你所了解且珍愛的自由

要開始了解你內在自由的本質與價值，你得觀想下面這兩句話，讓它們進入你、被你吸收。

自由歡慶著你的靈魂之美。

你是神聖的。你就是純淨。你擁有無限可能。

當你靜靜觀想，這兩句話會開始釋放你體內自由的種種性質，並具體展現在你日常生活，讓你的內在自由不再拘於體內。當你感到自由，你會被最純淨的心念能量充滿，覺得自己滿是力量，能讓生命走向你所願的方向。

五護使

本教認為，終其一生，人人體內都存在五護使。它們都是較為次要的神力或神祇，稱為「拉」（Lha），個個都是高度的心念能量，能對你一生發生極大影響，提供你活力與好運。若它們失去平衡，你的健康與生活就會出問題。

第一位護使是生命之神索拉（Srog Lha），存在於胸腔，能保護你的心理、身體與精神免於匱乏。索拉這種心念能量，會引導並調節你所有的活力與官能，你與生命、個性及冒險意念的關聯，都來自索拉。

第二位護使是地方之神屋拉（Yul Lha），存在於頭頂，負責照管你的家、家族整體與你的鄰里乃至國家。屋拉這種心念能量，能給予你希望、和平、健康和快樂，影響你所居之地、你的工作及朋友。它很容易受地方的氣氛影響，自己則會左右人們精神的、情感的能力，以及關懷他人、關愛家庭及鄰里社區乃至民族的能力。

第三位護使是女性之神模拉（Mo Lha），存在於右腋下。模拉這種心念能量，保護著你生命，從你出生時就引導你，許諾你一生長壽富足。模拉會影響你的生命長短及品質，以及你供給自己基本需求的能力。模拉也影響孩子的懷胎、出生直至青春期，影響女性健康及你與女性、女性能量連結的方式，乃至療癒、智慧、洞察力及園藝、廚房、食物。它會在你的家族遭受不公時，給予你戰鬥的力量，同時也會影響你的音樂才能，幫助你與任一項藝術能力產生關聯。

第四位護使是男性之神普拉（Pho Lha），存在於左腋下。普拉這種心念能量，會保護你遠離身體疾病及心理痛苦，替你移除障礙，讓你做任何事都充滿勇氣與決心。普拉還會幫助人處理他們的恐懼與情緒，停止人與人之間的暴力，但也會被喚起去建立心理或身體的防衛，在必要情況下，保護我們免於身體衝突的恐懼。

第五位護使是敵人之神達瑞拉（Dgra Lha），存在右肩膀。達瑞拉這種心念能量，能保護你遠離敵人及負面性，讓你不受傷害，幫助你處理各種問題。它雖然引人注目、威力無窮，卻也溫和而堅定，能幫助你成功、增加影響力。當你覺得無路可走，達瑞拉總會為你創造突然的機會，帶給你意外的幫助。

你即五護使

這五種神力蟄伏於人人體內，等待被喚醒，好與我們的生命合而為一。它們是我們的一部分，非常獨特而深沉，能對我們情緒、智力與身體的體驗發揮特定作用。

如果我們未能自覺地發展這些心念能量，它們就只會在遭遇突發狀況或危機時才出現，這不免浪費了它們巨大的能量。它們是強是弱，取決於你的生活方式，以及你的內在生命發展到什麼程度。

若你選擇發展它們，就能療癒並平衡你的生命，創造你需要的自由。它們是通往自由之門，能轉變任何妨礙，讓你身心靈都自由自在。

喚醒五護使

這個深沉有力的心念能量練習，能喚醒五護使，移除你自由之路上的各種障礙，包括健康上的問題。這個練習是通往內在自由的鑰匙，能為你的人生創造正向改變，讓被未經修持的行為、心念或意外狀況消磨掉的最基本生命力，重回你身上。藉著這個練習，你的生命力會增加，吸引正面生命能量的能力也會變強。在你開始前，你得先做好準備，對十四種自由及你與之最相關、最想擁有的一種自由，懷著充分覺知。對此全神貫注後，你就思索這份自由引起你什麼感覺，讓它為你帶來各種想法與訊息。

這個練習基於古本教儀式，最好在清晨太陽一升起後就做，每週做一次。如果你無法在這個時間做，就選一個你覺得最適當的時間。剛開始練習時，為自己做就好，如果你想，之後再為家人和朋友做。若想要達成練習效果，你得切實遵守指示。這個練習非常安全，效果也幾乎立即可見。

步驟一

在桌上或地上清出一個乾淨的空間，然後覆上一塊白布，如下圖所示，放上五個小白碗：

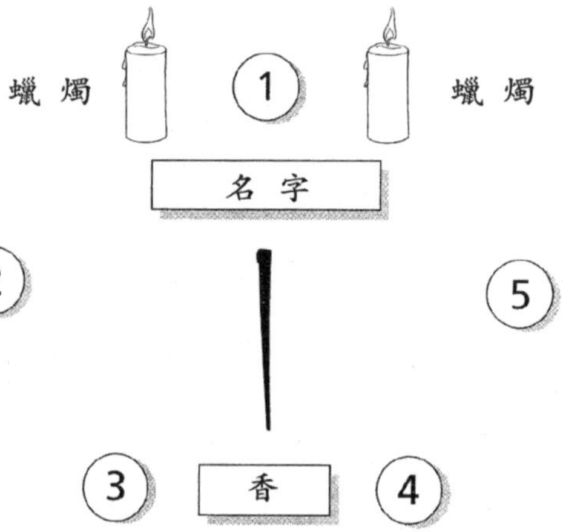

在第一個碗裡倒一些乾淨的水。水是索拉的象徵。

在第二個碗裡倒一些新鮮的牛奶。牛奶是屋拉的象徵。

在第三個碗裡放一些穀類，像是米、大麥或小麥，再放入某個你很寶貝的東西；這是模拉的象徵。

在第四個碗裡放一點鹽。鹽是普拉的象徵。

在第五個碗裡放任何一種你喜歡的食物。這是達瑞拉的象徵。

在第一個碗左右兩邊形成的方塊區域，各放一支小蠟燭。這兩根蠟燭會藉由空氣的傳送，四處放射你經過修持的心念能量。

在第三、第四個碗形成的方塊區域內，放上一炷你挑選的香。這炷香會幫助你創造潔淨、有力的心念。

在五個碗形成的圓圈中心，在白布上用紅筆畫下如圖所示的西藏符號。在符號上方，用紅筆寫下你的全名。

現在，準備好進行儀式。

首先，點燃香，再從左邊到右邊點燃蠟燭。接下來，依循你之前的筆跡，再次寫下你的名字，並在名字下方再次畫上符號，好用這束強而有力、堅不可摧的心念能量，緊緊縛住你的注意力。

現在，用你的右手食指碰觸第一個碗內的物品，平靜但大聲地說道：「我喚醒體內的生命之神。」再碰觸第二個碗內的物品，說道：「我喚醒體內的地方之神。」碰觸第三個碗內的物品時，說道：「我喚醒體內的女性之神。」碰觸第四個碗內的物品時，說道：「我喚醒體內的男性之神。」碰觸第五個碗內的物品時，說道：「我喚醒體內的敵人之神。」第一個步驟結束。

步驟二

碰觸你胸，說道：「現在，喚醒生命之神。」

接下來，碰觸你頭頂中央，說道：「地方之神，出現。」再來，碰觸你右腋下中央，說道：「出現，女性之神。」再碰觸你左腋下中央，說道：「出現，男性之神。」

現在，用手掌用力拍擊右肩，用命令的口吻大聲說道：「從睡眠中甦醒，敵人之神！」

此時，盡量用力地擊掌五次，好喚醒那些沉睡的心念能量。之後，像下面這樣說道：「一起發現你們所在。讓生命之神帶頭，引導諸神對我釋出所知、顯現力量，讓我將所有障礙轉為自由。五護使就是我的一部分，是我創造了它們！」

現在，想像一陣白光從你胸中冒出，明亮地閃動著，流到你的頭頂中央，閃爍著日光色。接下來又流到你右腋下中央，閃耀著翠綠色，再流到你左腋下，閃動著深藍色，最後橫越你右肩膀，在你肩膀上方，形成一個律動著的紫色光球。靜坐著，感覺這道光從你肩膀依序流向你頭中央、右腋下、左腋下，最後化為你肩膀上的光球。讓這道光像這樣流動十分鐘。準備好進行第三個步驟。

步驟三

現在，把注意力專注於你寫在布上的名字。依循之前的筆跡，再寫一次。接下來，將所有你想改變的事物引入你名字，好移除所有障礙，獲得你所選擇的任何自由。

從紫色光球中傳送一線紫光到你名字中，說道：「我體內的生命之神，指引敵人之神毀滅我體內的障礙，讓我的自由之路再無阻礙。」

用鼻子吸氣，再緩緩用嘴吐氣。擊掌，說道：「我體內的五護使啊，這些碗裝有你們最想要的東西，我謹獻給你們。請享用我的奉獻吧。」

完成後，靜思一段時間。練習結束。

萬物皆有神性

本教北藏學校的古老傳統認為，萬物都有生命，本來就充滿神的心念能量。在古代，藏人認為生命的目的，乃是與宇宙及地球的天然心念能量產生聯繫。他們認為，不論是雲、雷、空氣、土地或我們的身體與心靈等任何事物，都滿載自給自足、讓我們得以維持生命的心念能量。

在今日，接觸這些心念能量，並在培養慈悲心中獲得能量、力量、智慧與喜樂，仍像過去一般重要。今日的人們仍像過去的人們般，能從喚醒五護使開始，以純淨美麗的方式，擁有直接接觸這些能量的權利與能力。

本教認為，未能喚醒五護使的生命，只活了一半。喚醒五護使，你就能在未來的日子裡為自己創造機會，去體會真正的內在自由，以及生命各領域的神性與自然能量。

第九章

幫助他人

為他人著想，即是幫助他人，但這指的不是代替他人思考，而是指創造適當的心念能量，好有益他人。為了他人而修持能量，能讓你與人類靈魂的美麗與莊嚴產生連結。當有人身陷險境，卻慌亂不堪或沒有能力自救時，修持能量去幫助他人就更要緊。

經過修持的心念能量，能療癒、幫助他人，並為他人帶來好運。本教認為，做任何事都必須基於眾人及自己的福利，而這不論就廣泛意義或特定事項來說，都該是引導我們行事的動機。

為他人著想，即是幫助他人，但這指的不是代替他人思考，而是指創造適當的心念能量，好有益他人。為了他人而修持能量，能讓你與人類靈魂的美麗與莊嚴產生連結。當有人身陷險境，卻慌亂不堪或沒有能力自救時，修持能量去幫助他人就更要緊。

積極的慈悲

明智而積極的慈悲，是為他人著想的精髓所在，畢竟慈悲就是為人謀福的心念能量。積極的慈悲，意味著對人類同胞全體的關懷與思慮，還能克服所有偏見、將愛傳送到全世界，可說是你能做的最好的事。

當你滿懷積極的慈悲，你就會學到每天要怎麼製造、建立、產生奇蹟。這些奇蹟都來自你的心念能量，因為你的心念能量體現了地球與人類之生命的豐富與美好。

同情他人

同情乃是去感受別人的感受，去了解他們為什麼這麼感受。同情不只是一種本能，它是一種能創造解決之道的意識面向。

人人都具備同情的能力。活化並發展你的同情能力，能讓你擁有覺知及理解的心念能量，幫助你了解事物的起源，了悟人們怎樣又為何給自己製造問題。

發展同情的心念練習

盡可能早起練習。若實在沒法早起，就找個安靜的時間及地點練習。盡量練久一點，開始時，一個月不要練超過兩次。你遲早會用不到二十分鐘就做完練習，也會自然知道何時是適當的練習時機。

站著，雙腳微微分開。將雙臂輕輕舉到頭上兩邊。吸氣，吐氣。現在，感覺能量從你的雙手向下流到雙臂，再流到你的雙腿、雙足。再來，這份能量又會從你的雙足開始，向上流到你的雙臂及雙手，再從圍繞著你的渦狀瀑布溢出，形成一張白

色的能量之網。

緩緩放下雙臂，併攏雙腳，坐在地上，再平躺下來，看這張白色的網懸在你上方及周遭。你會開始聽見百萬個聲音在你周邊安靜地說話，聽起來像是海上浪濤或林中之風。

剎那間，你身處全世界所有人類的心中。那張白色的網一面依附著你，一面向外伸展，籠罩了所有人們。你開始能感受他們所感，也明白他們為什麼這麼感受。然後你會發現注意力被引向從以前到現在你認識的所有人，引向你的家人與朋友。你會感受他們所感，也了解那感受的原因。

現在，你會體會到一種巨大的慈悲展開，像張潮般湧向你認識的人，再往外湧向其他所有人。坐在地上休息二十分鐘，站起來。

做這個練習，能讓你對人有更深的認識，也知道怎麼幫助他們。你也能藉此累積心靈知識，邁向更高層次的洞察力、慈悲與了悟。

何時幫助別人

關懷、時機、方法與放下自我，是幫助他人的必備條件。幫助他人是人人與生俱來的欲望，但我們卻常因為缺少實踐，而未意識到這份欲望。而當你開始實踐，你就會湧出幫助別人的願望，進而更確定、更清楚自己該幫助誰。如果可能，在幫助他人前，最好先得到他們的同意，這會讓你的援助更有效。有時，情況不允許我們先得到對方同意，這時你最好用你的心念能量去感知對方。當你與需要幫助的對方下意識有所連結，彼此的心念能量往往能輕易聯繫。

當他人無法自助，就是幫助他們的時機。比如說，當他人無法決定採取什麼行動、陷入困境、不知何去何從，或被阻止自救時。

要確定的是，在幫助別人時，你給的是他們需要的幫助，而非你想給的幫助。這兩者差異很大，你必須保持警覺。

幫助他人最好的辦法，往往是將能量集中在他們身上，幫他們改善狀況、提升其應付問題的能力，讓他們自己找到解決之道。舉例來說，如果一個人因為被降職而憤怒、受傷，你可以用援助的能量，滋潤他生命中工作與創造力的領域，至於那切身的問題，就讓他們自己解決。

在以下這些時刻幫助別人：

◆他們無法控制狀況時。
◆他們無法掌握自己心理與身體的健康時。
◆他們沒犯任何錯，卻失去謀生方式時。
◆他們失去所愛或安全感時。
◆人們失去信心，包括對宗教的、理想的、人的信心；或人們發現很難再信任什麼，卻又渴望信任時。
◆有人挺身捍衛他人自由時。
◆有人苦尋改善生命及環境之道時。
◆有人為生命尋找心靈或創造力的方向時。
◆孩童或無辜者陷入困境時。

在以下這些時刻，不要給予幫助：

◆有人隨意揮霍財產、資源時。
◆有人濫用他人信任，好改善自己狀況時。

- 有人竊取他人情緒、能量、所有物或財產時。
- 有人對他人行使暴力時。
- 有人需要面對自己人格與生活的內在真相時。
- 有人老是貶低他人，好讓自己覺得好過時，或是老用各種理由報仇時。
- 有人因為覺得該是別人為他們做事，而拒絕幫助別人時。
- 有人不顧他人的意見或感受，或相信自己優於其他人時。
- 人們講他人八卦、惡作劇，或用各種辦法來傷害他人。
- 人們拒絕幫助比自己幸運的人。

幫助別人最長遠有效的辦法，就是將具解放力的心念引入他們所遭遇的狀況，好消除種種障礙及問題。如此，那人的感覺將得以轉變，覺得快樂而充滿力量。

有效率的幫助

有時你會發現有些人尋求幫助只是為了要被注意，而不是真的想幫助自己。這樣的人可能會搾乾你的能量，而你給他們的幫助也很難生效。面對這些人最好的辦法，就是將無條件的愛的心念能量，以及認識自我的欲望，都傳送給他們。

未經修持的幫助別人的欲望，會造成許多問題。為了好好幫助別人，你必須先了解自己，並處理好自己的問題。若你幫助別人，是為了想讓自己覺得好過或被需要，這可不恰當。這種心態會讓你原本的良善動機失效，也很難真正幫到你想幫的人。你該在人們需要、而你又有能力給予時，來給予援助。

如果有人向你求助，你得想清楚才能答應。看穿他們的話語，自己決定該不該幫他們、可不可能幫。不要他們要求什麼就做什麼，要想想哪種幫助會最有效。自問求助者是否備妥了自救計畫，如果有，又是否是個好計畫，還是只會製造更多問題。幫助一個人，需要慈悲、智慧與判斷力。在你衝去幫助某人前，得看清楚對方，也看清楚你自己。

保護自己

幫助他人時，你也把自己捲入他們的問題與生活裡。為了避免你可能無法處理或不該涉入的情況，你得建構一個保護、過濾的系統。你得先保持立場超然，在涉入狀況前先做好評估，謹慎判斷何時又如何伸援。

對別人懷著慈悲與愛，你就會自然地與你能幫忙的人產生聯繫。但總有些急需你伸援的情境，是要讓你身陷險境，而這就是你做出明確判斷的時候。如果你懷著愛採取行動，你就會培養出一種洞察力，讓你能輕易區分誰只是想要利用你或得到你注意，誰又真正需要幫助。

信任你的直覺

在你生命中的某些時刻，你可能會直覺到你認識的某人需要幫助。此時，你得盡量將好的、有助力的心念能量引導給他們。

如果這人事實上沒什麼問題，那就可能是他們的潛意識能量在呼喊求助。這也可能是他們認識的人需要幫助，而你朋友只是潛意識地傳遞了這份呼救的心念能量，畢竟我們都在傳導他人的心念能量。

當你覺得某人需要幫助，不論你認不認識他們，都要永遠信任你的直覺。善用愛與慈悲，了知你想為他們做什麼、想要的結果又是什麼。

創造好運

本教傳統認為，當你真心想為他人創造幸福，就會擁有最理想的好運。造福他人的願望，能在你遭逢逆境時支持你、保護你，讓你在順境時掌握成功、突飛猛進。好運指的不只是金錢、地位，還包括幸福、精神的喜悅與靈魂的聖潔。

幸福來自你真誠地與他人分享自己、給予你的一切，而你知道這些都將數倍地回饋給你。你為他人創造的好運，會恆久流傳。好運是共享的，不具排除性；好運永遠豐饒不盡，足夠所有人分享。

引導好運

創造好運的心念能量後，你得引導它。若你能在一開始引導心念能量時，就盡量精確地指出方向，成效必見。當你越來越熟悉該怎麼做，你就會找到自己的引導方式，但這裡我想先提供一個歷經時間錘鍊、保證可行的方法。

◆ 引導好運前，心境保持放鬆平靜。

◆ 感覺與慈悲、好運及療癒相關的心念能量，從你體內及周遭流向你。這些來自你內外的心念能量，會匯整合一，集合為一股巨大的能量。

◆ 在心裡想著你想幫助的人的形象，不管他們在哪裡；即使就坐在你面前。

◆ 此時，開始將能特別益於那人的心念，注入前述的心念能量集合裡。

◆ 當你專注於這股能量，它的威力與潛力會越來越強。

◆ 吸氣，吐氣。擊掌一次。

◆ 送出這個心念能量之球，讓它實踐你要它做的善事。

安卓的一個朋友，生命正逢險境。他在某個國家誤中陷阱，被栽贓犯罪，面臨牢獄之災，卻又偏偏身無分文。雖然如此，他卻認為自己可以把事情擺平，拒絕他人援助。但安卓很不放心。他想做點事來幫朋友度過難關。

安卓坐下來，將好運引導給他朋友。他每天都做，而在幾天內，他朋友的狀況就有了重大改變，包括環境上和精神上的。他被釋放回家了。在很久以後，安卓的朋友才告訴他，在他身陷險境時，他曾夢到安卓給他好運，讓他有了事情會好轉的信心。

給朋友及陌生人支持與療癒

朋友本來都是陌生人，但當你們相會，彼此的心念能量就會融合。至於陌生人，則是你還不認識的朋友。朋友也好，陌生人也好，都值得你用療癒的、有益的心念能量來支持。

這種心念能量能有效幫助人度過難關，不論他們是朋友或陌生人。以我為例，若我走在路上，看到一個路人正傷心欲絕，我通常會將支持的心念能量傳送給他們，讓這份能量幫助他們重建自己的力量，好繼續向前。人人都該試著彼此幫助。你可以照下面這樣做：

- ◆全神貫注於你想幫助的那個人。
- ◆全神貫注於那個人的困境。
- ◆辨認出這困境與那個人內心能量之間的連結。
- ◆將你的心念能量引向那個連結，好解決問題，並從中創造出有益的心念能量。
- ◆現在，照著下面這個辦法，將這份新的能量引導給那個人：

一、將支持的心念能量，引向那個人的情緒。

二、將支持的心念能量，引向那個人的身體。

三、將支持的心念能量，引向那個人獲得物質利益及物質獨立的機會。

最後一點非常重要。你往內在引導的心念能量，應要擁有物質的渠道，才能在現實世界確實體現出來。將這樣的心念能量與物質方面的提升與成功相結合，能加速促進那個人克服困境。

塔瑪拉家非常有錢，她也清楚自己因此被寵壞。雖然她享盡生活中物資優渥之福，也樂於活躍紐約的社交圈，她還是想做點真正有益自己人生的事。只是，她不知從何開始。

我建議她在思索要做什麼時，不妨培育自己心中的愛與善意，試著用這份好運來給他人支持、療癒。塔瑪拉開始將療癒的能量，引導給她知道碰到問題的人，並進一步引導給她在街上看到的不快樂的陌生人。

塔瑪拉因此發現，她有幫助他人克服問題的天賦。她的朋友們告訴她，他們的狀況好轉了，還發生了不少好事。

一天，一位她在派對上認識的女子告訴她自己的問題。接下來幾天，塔瑪拉都將好運和療癒力傳送給她。兩個月後，她與那女子不期而遇，這女子告訴她生活起了奇妙的變化，而事情的進展幾乎與塔瑪拉希望的一模一樣。

發現自己這份潛能，塔瑪拉顯得非常謙虛而快樂。她繼續努力幫助別人，遠比以往來得成熟且重視心靈。她成為一位心靈諮商師，盡其所能幫助他人，並把她所繼承的看作是一種靈性的庇佑。

療癒你的家庭

同樣是用心念能量給予幫助、療癒，若你幫的是家人，和幫助朋友就非常不同，除非你已把這個朋友當成你家庭的一份子。為了真正幫助你家人，你必須把感情放到一邊。

下面這個簡單的心念練習，適用於各種狀況，包括失業的震驚、與愛人分離或離婚的痛苦、金錢問題引起的焦慮等。你可以用這個練習幫助你自己或任何家人。一週練習三次，直到狀況改變。通常，狀況很快就會改變。

首先，回答這些問題：

◆ 你家人遭受哪一種折磨或問題？
◆ 這影響了他們的人格嗎？
◆ 這影響了他們的健康嗎？

◆他們因此變得憤怒且疲憊嗎？

◆他們的狀況讓你對自己感覺如何？

現在，將你所有的答案及你對這些狀況的想法，集中在任何一個你喜歡的形象或概念裡，不管是某個形狀、顏色或圖畫都可以。接下來，專注於這個形象或概念。

將這個綜合的心念引向你家人。看著它從他們頭頂開始移動，經過他們的身體和心靈，一面清除掉所有障礙。當這個心念到達他們的腳，再從腳趾出去，會再回到你身上，準備好被召喚。此時，在面前放個待會可以簡單處理掉的乾淨的碗。在碗裡倒一些乾淨的新鮮牛奶。

現在，把你吸收來的所有負面性，包括健康問題、未經修持的心念或行為等，全部引入牛奶中。讓牛奶承載這些內在垃圾與障礙。接下來，劃一根火柴或點燃打火機，越過牛奶表面。想像火會摧毀或淨化你吸收來的所有負面能量。

擊掌三次。小心翼翼地拿著這碗牛奶，將牛奶倒入排水槽，再用水徹底把牛奶沖下水管。接下來則要弄破碗，比如把碗用布包著敲碎後丟棄。如果是塑膠碗或紙碗，就包好後丟棄。

阿曼達是個全職母親，家有四個小孩。不幸地，她的丈夫生了醫生也無法解釋的重病。她丈夫的老闆以前很友善，但自從她丈夫病後，變得冷淡而難以相處，還拒絕在他生病時給薪。

阿曼達有位管家叫羅貝塔，知道怎麼做療癒並幫助家人的心念練習。她教阿曼達這個練習，阿曼達則一一用在她先生、她自己及孩子乃至經濟狀況上。

幾天後，一位歐洲的醫生聽說阿曼達先生的狀況，答應來看他，發現他的問題出在罕見的染色體異常。三個月後，她丈夫的公司把應給他們的錢付清了。

又幾個月後，阿曼達的丈夫過世了。阿曼達藉著練習克服悲傷，也幫助她的小孩調適喪父的失落感。

阿曼達以前從不需照顧自己，也不知怎麼養家。一天早上，她和羅貝塔在喝咖啡時，聊到彼此在想放鬆時喜歡做什麼事。羅貝塔說她喜歡烘焙，阿曼達則從不知道做什麼。她倆當下就動手烘焙起來。

幾週後，她倆做起生意，開了一家天然麵包及咖啡坊。現在她們擁有好幾家連鎖店，阿曼達也發現自己很有商業天賦。她和羅貝塔至今仍藉練習來解決家庭中的問題。

為你的家創造好運

運用心念能量幫助家人找到工作、朋友、富足或快樂，是件簡單的事。但這裡要再次提醒的是，你一定要確定自己的目的，也要確定你是在為家人謀福，而非為了你自己。以下這個練習要做七天，且要從週日開始做。重複這個週期三次。

將你的心念能量引向你關心的人，清除並淨化他們所有的障礙。看著或感覺他們的障礙，被你有力且慈悲的心念能量所融解。

現在，將一道純粹的白色的心念能量，引到他們的心裡。這會開始喚醒他們心中的正面能量，為他們吸引好運。你正在刺激他們的活力。

接下來，看著錢財如雨般落在他們身上，身邊也充滿友誼、愛與尊重。看其他人給予他們好運，並與他們分享自己的活力。

做完這些步驟後，大聲擊掌七次。

從現在起，你所幫助的人，會開始透過正面行動邁向好運。這些正面行動也許是幫助別人、表示善意，或對那些不如他們幸運的人心懷慈悲。只要你繼續練習，活力與快樂就會充滿他們的身心靈。

基倫很擔心他的弟弟派屈克，他一直禍事不斷。派屈克是位公司經理，在三年內被兩度裁員。他有太太和兩個小孩要養，卻幾乎口袋空空。其實他很能幹又努力，只是運氣很差，才會屢嘗挫敗。基倫擔心他弟弟在這樣的心理低潮中，可能會找不到工作，很想要幫他。

他開始做上面這個練習，連著七天將好運傳送給派屈克。到了第七天，他看到弟弟似乎顯得有精神多了。基倫開始做第二週期的練習，而在那之後，他接到弟弟電話，說他有好些工作面談在排隊。

又過了一個星期，基倫做完第三週期的練習，這回派屈克打電話告訴他，他得到了個好工作。派屈克聽起來又興奮又快樂，基倫也歡欣無比。

幫助孩童

要幫助孩童，很重要的是，一定要先盡可能得到父母同意。

你可以幫助孩童的各種問題，包括生病、遭到霸凌、交友問題、缺乏信心、攻擊行為或羞怯。友善的成人所給予的鼓勵及療癒的心念能量，能培養孩童自己解決問題的能力。

若要引導療癒的心念能量，應同時引向父母與孩童雙方。當你將心念能量引向父母，這份能量也將流向孩童，給他們保護與安全。

你引向孩童的心念能量，會開始吸引正面的狀況與有益的機會。心念能量只要目的真的是為小孩好，不管外在狀況或條件如何，都會永遠庇佑、保護他們。

幫助孩童的心念能量

要幫助身陷險境的孩童，下面的練習非常有效。

這個練習要在早上五點到九點間做，連續做四天。

閉上眼睛，將一波溫暖安靜的、柔和的心念能量，傳送到孩童的腳，再上溯至頭。這波能量會包覆這個孩子，安撫他、保護他，並移開負面的能量。

現在，看著這孩子的心變成天藍色的光，律動著，滲入他們的身體與心靈。恆久的療癒及快樂之流，乃與這個孩子產生連結。

這份餽贈將保護這孩子一生。

伊絲拉聽到一個朋友的女兒在學校被嚴重霸凌，感到非常不安。這個十三歲的女孩變得退縮沮喪，而她的父母已想不出辦法幫她。學校是有介入處理，但這位女孩覺得這只讓

情況變得更糟：那些霸凌她的人，現在又譏笑她向老師告狀。

在得到女孩父母許可後，伊絲拉用上述的心念練習來幫助這個小受害者，將療癒的心念能量傳送給她和她父母，連續四天。

一個月後，伊絲拉又見到這個家庭。她知道在三週前，女孩告訴父母，認為自己待錯了學校。她說她想轉到自己看到的一所比較小的學校。她的父母做了番調查，發現新學校還有缺，可以讓女兒轉去。

三個月後，伊絲拉聽說這女孩很喜歡新學校，那邊沒人霸凌別人，她也交到許多好朋友。

幫助全世界

在西方，我們往往會認為比起自己繁榮的國家，第三世界不但分裂，剝削狀況也遠為嚴重。然而事實上，整個地球都處於一種第三世界的貧窮狀況，每個國家都充滿苦難與剝削。藉由媒體傳播，我們對世上、我們自己及其他國家的苦難，都知之甚詳，這些苦難被帶到我們家中，進入我們的意識，四處散播它的強度。

如果你想伸出援手，好減輕世上其他人的痛苦，你可以獻出錢、資源與技術。當然，你也可以運用經過修持的心念能量，來幫助他們。

引導愛的心念能量

你可以用下面這個心念練習，來幫助任何受苦的人，不論他們身在何處。這個練習威力無窮且強烈，能有益於減輕他人的痛苦。

當你目擊苦難時，體會這份苦難的心念能量，並將愛與慈悲傳送給那些受苦的人。將你所有的愛盡可能給他們，給一群人或一種狀況、一個衝突，而後愛就會開始發揮療效。

當你一有所覺知，決定分享你的愛，並將它引導給他人，你的愛就會與他們同在。只要你願意分享，他們就接收得到，如此，更多的資源與幫助將會來到。

療癒與援助

運用心念能量無限的力量，你就有能力幫助任何需要的人，並引導你自己人生的方向。你從不需感到無助，也毋須受命運擺布。你自己體內就有足以改變現況的所有資源。滿懷謹慎與敬意，善用你的資源、你優秀的療癒力及你助人的能力，但切勿強行介入別人的生活，或將你的意見強加在別人身上。要幫助人，把力量與能量傳送給他人就好，讓他們選擇自己的路。

同樣地，面對自己的生命，你必須常懷敬意與耐心。療癒並不永遠表示立即得到健康或財富；有時，它表示的是小心處理，以及在經驗中學習。明智地運用你的能力，你就能永遠做出正確的選擇。

第十章
世界都在一念裡

人人體內都懷有這份永恆而純粹的心念能量。它睿智又寧靜，莊嚴而崇高，傾注於我們生命的每一部分，引領我們體驗整合為一體的奧妙。這份我們也置身其中的心念能量，擁有深刻的力量，只要我們發現它，我們自身的美善也得以顯現。藉由與覺知相連，你將能在心靈之路大步前進，而這是我們最終都將走上的路。

從前面的篇章，你已學會許多方式來發展並運用純粹的、經過修持的心念能量。這份能量深奧、即時且無限，能啟發人類，成為他們人生中至高無上的動力。如果你讀了本書，對此已深有體會，你就邁向了成為真正修持心念者之路。這些真正的修持心念者，不管是男是女、是成人或孩童，都了知心念的影響力遠比任何物質強大。

現在，在本書的最後一章，我想帶你更進一步，走入覺知的境界。覺知超越了我們平日念頭起落與本能反應的模式，給予我們真正為了自己的自由意志及思考能力。我將告訴你如何超越你平日的認同，也就是日常生活中的你，好與較高層次的覺知與心靈產生連結。這麼實行後，你就能了知世上一切都彼此關聯，了悟萬物本為一體，最後也才能悟解一切都存在於一個單一的、純粹的大念裡。

人人體內，都懷有這份永恆而純粹的心念能量。它睿智又寧靜，莊嚴而崇高，傾注於我們生命的每一部分，引領我們體驗整合為一體的奧妙。這份我們也置身其中的心念能量，擁有深刻的力量，只要我們發現它，就將顯現我們自身的美善。藉著與覺知相連，你將能在心靈之路大步前進，而這是我們最終都將走上的路。

認同

在與覺知相連前，你得先了解認同的本質，以及認同與覺知的差異。

認同是我們自我的一部分，這個自我，是我們每天都在認知且發生關聯的。這樣的自我，相信生命就是對日常生活的狀況與即時環境之需求，做出種種回應，像是工作、生病或康復、生活規畫與運作，以及養家等等。與這個認同相關的行動，幾乎都是例行事務，而就此認同發展出來的種種技能，也與意識、潛意識都無關，只是單純回應我們生活中的念頭、感覺及事件。

認同會創造對過去的回憶，以及對此刻的詮釋，好讓我們生活在現實世界中。然而，我們對認同的真相有著錯誤的信念，不知道此刻與我們共存的許多認同，只不過是虛妄的印象。

認同讓我們相信，我們和別人的差異，是人類很基本的特質。然而，覺知會告訴我們，人類最基本的特質其實是人與人之間的連結，而這要藉由經過修持的心念能量之力量來扣連。

相對於覺知的永恆不變，認同是變化不斷的，因為它不過是跟著人類心理創造的論斷起舞、推銷這些論斷罷了。然而，認同卻認為自己全能、獨立且控制著一切。

認同的心念能量與覺知的心念能量可說毫不相關。覺知的心念能量進入的是心靈境界，啟發我們未來能怎麼做；而認同的心念能量則屬於日常世界，無法進入心靈層次，只會被慣性思考模式消耗掉。

認同的慣性思考模式，根本無法說明我們的本質，雖然大多數人相信它可以。而若我們相信它可以，慣性思考就會把我們最明顯的特質具體化，讓我們把自己徹徹底底地跟現實世界綁在一起，因為慣性思考根本無法進入心靈層次。慣性思考這種本能反應式的念頭，基本上雖然無害，卻會讓我們失去快樂的能力。當我們習慣性地把一切視作理所當然，做出本能反應，把自己困縛在所認同的任何事物，我們的心念能量也就無法進一步發展。

覺知不假外求，自己就很完整。認同則總懷疑有些事物比自己更豐富，但又害怕找出它們。當我們看清認同的缺點，不滿它主宰了我們對現世的思考時，我們就會開始渴望別的事物。

慣性思考會阻礙我們與實相（reality）連結，讓我們只能看到岔路與死巷。認同這種未經修持的心念能量，四處任意遊走，帶著我們團團轉。只有當我們超越了認同、觸及覺知時，我們才能選擇自己的旅程。

覺知

在所有人心賦予人性的高尚特質裡，最特別的就是覺知了。我們若透過認知之眼看世界，會覺得它四分五裂；但我們若用覺知來看世界，就會看到完整的形貌。

覺知產生於物質、純粹的心念能量及人性交會之處，再傳給我們。本教學說認為，覺知從腦流入我們的情緒、感情與心念裡，然後再流向外界，與其他人的覺知相互激撞。擁有覺知，以及用經過修持的心念來運用覺知，能幫助你了解大多數人在想什麼，同時仍能照自己的方式生活。

覺知揭露了慣性思考的陳腐與貧瘠；這種思考為的是要獲取，而不是理解。覺知會欣然接受在我們心靈、認同與意識間相互對應的連結，並給我們力量，讓我們能更活潑地思考。

覺知與其心念能量相當激進，具有撼動天地的力量，有時顯得冷酷，卻永遠引人敬畏。這種心念能量毫無妥協餘地，會徹底顛覆掉那些承襲已久的慣例。但它同時也滿懷慈悲，讓我們得以航入自己黑暗內心，卻無恐懼疑慮。

西藏本教學說指出，大多數人一年大約只有五分鐘擁有覺知的心念，其他時間則花在反應式的行動和了解後果。當我們在人生中遭逢重大事件如生病、失去或改變，掙扎著為發生的一切找理由時，往往能激起這些覺知的心念。

出於覺知的心念，不只能建立起心靈層面的結構，還能將心靈面向與日常世界結合在一起。

在了解生命是什麼、又如何演化方面，西方科學已有長足進展，然而，在試著理解、認識及解決世界問題方面，科學家和政治家都忽略了覺知的重要性。

對科學來說，人性是最大的謎題。學者們對是什麼造成了思考、回憶與知識，可能已有所答案，比如說我們身體的運作及腦部的化學成分；但是，他們仍無法解釋我們共同分享的一件事物——覺知。

然而，科學理論若不去解釋覺知，就不夠完整，因為覺知是我們唯一能確定的事物。世界與我們的整個生活都可能是種虛妄的印象，被我們的覺知虛構而成。

西方文化視知識為外在世界的事物，可以被追索、被詮釋，但本教則認為知識存於我們內在。在訓練人們往外看的西方社會，許多人會覺得所謂「知識就在我們內在」的概念很難理解，然而，要觸及並了解覺知的本質，我們必須往裡看，而不是往外看。要發現覺知的起源，你只需問問你的靈魂。

超越

超越（transcendence）表示的是，脫離我們在身體、認同及知性上的一般官能及印象，穿越覺知的層面，為慈悲的推動力所驅策，而終能深刻了知萬物如何相互聯繫。當你能超越認知，獲得心靈覺知，你就能體驗到世界存在於一個單一的、具普遍性的心念中，而萬物都緊密相關。

在超越狀態中，你會了知萬物從「無」而生。「無」並非空虛或虛無，而是一個覺知的機會，讓你去頌揚萬物的緊密相關，也正是這份頌揚，能進而創造「生」。超越告訴我們，無此無彼，無今無昔。是我們的認同創造了某些想法，讓我們過自己需要的人生。

以下這五個步驟，能教你超越認同、發現你自己的覺知。

步驟一　避免妄下論斷

人們每天都在論斷他人及周遭的事件。這樣的論斷源於無知，會製造有毒的心念，將破壞力散播到其他論斷及被論斷的人身上。

從論斷他人中，人們得到黑暗的快感。然而這些未經修持的能量會創造負面性，並聚攏集中，變得沉鬱危險，影響地球上每個人的心靈，也傷害了人性。

不管是被他人論斷或論斷他人，都會限制你成長及快樂的能力，讓你窒礙難行。論斷他人乃是認同所使的謀略，好把你綁在日常世界，遠離覺知。想做真正的評判，唯有靠我們內在的自我，讓它來做裁判。這是唯一有效的評判方式。

我們要記住，與他人相連，必須是在給予及接受建設性的心念能量的情況下。我們受惠於他人的建設性能量，也受惠於自己的。我們必須更謹慎，盡量不去論斷他人或聽他人的論斷，以免陷在未經修持的心念能量裡，給自己製造障礙和限制。

就從今天起，避免對他人妄下論斷，也拒絕接受別人對你的論斷。

步驟二　強化美德

美德與論斷正好相反。美德存在於每個人體內，依循地球的自然秩序與我們內在的良善而行。觀察美德怎樣實踐在一切事物上，能建立我們自己的整全性，而這又會將純粹的心念能量引入我們意識的認知狀態。

當我們觀察美德，也就會把自己看成是純粹的心念能量，且會發現生命本身那活生生的美。

我們會看到世上所有人，包括我們的親友、一切好人壞人，都顯現他們生命的目的。我們會有所理解。不論是憤怒或不幸，都無法撼動我們對此體驗的信任。純粹的心念能量無止盡湧來，讓我們享有自然的歡欣與恆久的喜樂。

覺知你體內的良善，你就能發現自己美德的能力。

步驟三　拒絕七種汙染

以下這些未經修持的心念能量，會減損我們的覺知，妨礙我們的洞見之路，阻擋我們體驗純粹的心念能量。看看你是否碰上這七種汙染中的任一種。如果是，想想這些經驗怎樣影響、控制了你的生活。

一、認為所有的好處都被社會敗類占盡。

二、憂心環境無法改變或導正。

三、斷言某事不會發生，只因我們無法讓它發生。

四、放不下任何小障礙或小問題。

五、避免身心靈的成長與強化。

六、對提問、學習、閱讀與討論都毫無興趣。

七、試著用想法或行為來強迫其他人，要他們信你所信、像你一樣生活。

不論這些汙染何時找上你，都要小心它們。只要你自覺地拒絕跟隨它們，就能免於汙染。

步驟四 發展四智

四智乃是純粹的心念能量，能很輕易地將心靈覺知引入我們的生活。

成就

善用創造事件、情境與環境的心念能量，即是成就。對成就來說，運用心念能量再輕鬆自然不過，因為成就知道怎麼吸引適當的心念，並將它們集合起來，去創造正面的、成功的結論與結果。

力量

力量來自了知心念能量怎麼運作，來自將慈悲與良善應用在心念能量上。力量與其他三智相關。藉著培養洞察力及接受，並成就正面的結果，你就能為自己創造力量。力量會自己成長。當你得到它後，它還會再增強。

接受

了知生命中有些我們無法改變的事，而我們必須懷著耐心面對這些情境，試著從中學習；這就是接受。接受是門困難的課程，但當我們習得這股崇高而深奧的心念能量，施用在日常生活中，我們做任何事就都會體會到滿足與美麗。

洞察力

這份心念能量，能顯現出任何概念、能量、情緒、認同、人、事件或情境的本性，不管它們是在過去、現在還是未來。擁有洞察力，你就能了知事情過去是如何，現在為什麼是這樣，將來又會怎樣。過去、現在、未來，其實相連在你內心一個恆久不變的時刻，而你必須有所覺知才能了解。洞察力會讓你了知時間之流及因果的奧祕。你將能看到自己的人生。

只要你請求這些心念能量成為你日常體驗中的一部分，它們就會活躍於你生命中。

步驟五　與靈魂相連

靈魂是光。不是智力那種尖銳的閃光，也不是意志那種燃燒的火焰，而是一種純粹的心念能量之光，在我們體內遍處閃耀，清澄柔和，等著我們辨識。靈魂的心念能量渴望和諧的氛圍，被一種奔向人類心靈的驅力所推動，這種驅力也追求覺悟與常保快樂、安全、安心。

我們每個人都是靈魂心念能量的獨特結合，體內都有本教所說的「大傳承」（Great Inheritance）。這是一種單純又深奧自然的心靈狀態，獨立於其他存有狀態而存在。它是一切的本質；我們所有的心念與生命經驗都從這裡湧出，再流向心靈與物質的各種面向。時間、空間、過去與現在，也都從這裡開始。認知到它的存在，我們就擁有了悟一切的能力。

召喚你靈魂的心念練習

傳統本教用以下這個方法，來喚醒我們內在深邃的所知，一種超越知性或日常心的知識。這個方法既安全又深具啟發性，能讓我們獲益無窮。確實跟著下面六點指示，你就能覺知到體內活躍的神性。

一、用自己覺得舒服的姿勢坐著。閉上眼睛，像平常那樣平穩呼吸。把注意力放在你的心臟。讓你的心被心跳吸攝而去。接下來，開始感覺你能量的各種流動。

二、有些能量之流，是從你的腳沿著腿往上流，進入鼠蹊部，再流進心臟。有些則流經你手掌、手臂、下背部及脊椎，而後到達心臟。更多的能量之流，是從你的喉嚨往下流到心臟。無論如何，所有的能量之流都會經由你身體，在心臟匯集。

三、能量會從你頭頂中央，往下流入前額，再沿著鼻梁流進口腔頂部，隨著舌頭下至胸腔，而後到達心臟，與其他能量相匯。

四、所有流進你心臟的能量都會合為一體，緩緩向上流動，經由你身體的中心流到你頭頂，匯入正中央，化為一條律動著、有生命的純白色能量之流，從你的頭中央流出去。

五、這條能量之流會在你身體右側聚集，形成活生生的靈魂能量光柱。此時，向它致意，並用你自己的話，請它幫助你邁向純粹的心靈覺知狀態。

六、完成上述步驟後，在心中導引靈魂能量返回你頭頂中央，讓它居於此處，直到你再次需要它。

靠著純粹的靈魂能量的幫助，你將能獲得覺知，並了悟時間最重要的意義是：讓你在適當的時機，發現內心的智慧。

了解了這個，你就能看清楚認同，看穿它讓你相信生命就是回應周遭環境的需求。當認同消褪，你究竟是什麼的真相就會浮現，此時，你內在生命與這個世界的連結會開始萌芽，覺知也會開始發展，幫助你更輕易地與世界產生連結。

現在，你會了悟你就是一切。你是源於物質的萬物，也是造就萬物的物質。

世界與宇宙的一切，都在你內心共存。你是所有人類的總和，你每一個心念，都能通往萬物皆有的純粹心念能量。

單純之道

本教學說認為，如果我們越急、越拚命地追求快樂與意義，就會越快激起心靈的心念能量旋風，而那只會將我們帶向不滿足、欲求與無知。

如果我們不要衝得那麼快，緩一點、柔和一點，拚命所帶來的恐懼就會消逝，這樣我們才聽得見純粹的心念能量的柔和之聲，讓它帶引我們。

讓生命事事保持單純。讓你的行動單純，溝通單純，讓你的愛單純，這樣，它們才會變得深刻。好好養成你的一致性與內在平衡，你就會發現你純粹心念能量的核心。它將流入你生命，給你一切所需。在自己的時光中，你會了悟這個單純的真理：世界是個永恆的驚奇，在每一瞬間都為心念能量重新創造，而宇宙則體現在我們的心念中，在片刻的空間裡，在時間的火花裡。

當你認知到這些事實，洞悉萬物中的神性，你就能擺脫焦慮與恐懼，滿懷滿足與信任，安然接受一切之所以如此，是因為它本來就該如此。

天空烏雲密布，籠罩了我所在的山頂。閃電照亮了雲層，雷聲震耳欲聾，我嗅到空氣中暴風雨的力量。

我的上師在數月前圓寂，此刻，我待在皮哈娜火山一處古本教加持過的聖地，觀想並創造我的未來。

我來這裡還有另一個原因：遵循上師指示，將他祝福的心念能量，給予將聖山借給我們使用的毛利族。這份心念能量是我上師在數年前便修持好的，其力量還會不斷增強。

現在，恩提・圖瑞基圖瓜（Ngati Turangitukua）和恩提・圖華雷圖瓦（Ngati Tuwharetoa）族人都得到了祝福。

而至此，教法已然圓滿。

當我上師現身時，閃電正劈向朝著我這面的山上。

「閃電是古老神性的心念能量。」

「它是一種電流。」我回答。

「電流是古老神性的心念能量。」

我微笑。

「萬物都是心念能量。」他說。

突然間，一道閃電擊向我上師所站之處，開始像瀑布那樣盤繞、旋轉起來，只是它是個朝著天空的瀑布。

「你想跟我一起走嗎？」

「不，」我說，「我的旅程在這裡。」

他站在閃電裡，然後微笑，離去。

我打包好行李，開始漫長的下山路。當我抵達樹木生長線，進入芮木淚柏（rimu）的天然林，我轉過身，最後一次致敬。風在林間呼嘯，在樹葉的沙沙聲中，我聽到我上師及其一脈相傳的上師們，對我輕聲說道：「心念能量來自混沌，而混沌存在於眾生、存在於世上一切及宇宙中。有些混沌有益，有些無關緊要，有些則有壞處；無論如何，快樂與覺悟都由混沌造就。」

雷聲在山上隆隆作響。雨將一切沖刷殆盡。

「一個新的開始。」雨說。

「一個新的心靈。」風說。

「一個新的我。」我大聲說。

我走出山間，滿載著新的心念。

國家圖書館出版品預行編目資料

西藏正念書/克里斯托弗．漢沙德(Christopher Hansard)著；何定照譯. -- 三版. -- 臺北市：商周出版, 城邦文化事業股份有限公司出版：英屬蓋曼群島商家庭傳媒股份有限公司城邦分公司發行, 2021.09
面；公分
譯自：The Tibetan art of positive thinking : skilful thought for successful living.
ISBN 978-626-7012-67-3（平裝）
1.藏傳佛教 2.佛教修持
226.965　　110013366

西藏正念書

原著書名／THE TIBETAN ART OF POSITIVE THINKING
作　　者／克里斯托弗．漢沙德（Christopher Hansard）
譯　　者／何定照
責任編輯／顏慧儀、陳玳妮、楊如玉

版　　權／黃淑敏、劉鎔慈
行銷業務／周佑潔、周丹蘋、黃崇華、賴正祐
總 編 輯／楊如玉
總 經 理／彭之琬
事業群總經理／黃淑貞
發 行 人／何飛鵬
法律顧問／元禾法律事務所　王子文律師
出　　版／商周出版
城邦文化事業股份有限公司
台北市民生東路二段 141 號 9 樓
電話：(02) 25007008　傳真：(02) 25007759
E-mail：bwp.service@cite.com.tw
發　　行／英屬蓋曼群島商家庭傳媒股份有限公司城邦分公司
台北市民生東路二段 141 號 2 樓
書虫客服服務專線：(02) 25007718、(02) 25007719
24 小時傳真專線：(02) 25001990、(02) 25001991
服務時間：週一至週五上午09:30-12:00；下午13:30-17:00
劃撥帳號：19863813；戶名：書虫股份有限公司
讀者服務信箱：service@readingclub.com.tw
城邦讀書花園：www.cite.com.tw
香港發行所／城邦（香港）出版集團有限公司
香港灣仔駱克道193號東超商業中心1樓
E-mail：hkcite@biznetvigator.com
電話：(852) 25086231　傳真：(852) 25789337
馬新發行所／城邦（馬新）出版集團 Cité (M) Sdn. Bhd.
41, Jalan Radin Anum, Bandar Baru Sri Petaling,
57000 Kuala Lumpur, Malaysia.
電話：(603) 90578822　傳真：(603) 90576622

封面設計／李東記
排　　版／豐禾工作室
印　　刷／韋懋印刷事業有限公司
經 銷 商／聯合發行股份有限公司　電話：(02) 29178022　傳真：(02) 29110053
地址：新北市231新店區寶橋路235巷6弄6號2樓

■ 2021年（民110）9月三版　　Printed in Taiwan

定價／380 元

城邦讀書花園 www.cite.com.tw

ISBN 978-626-7012-67-3

商周出版

廣　告　回　函
北區郵政管理登記證
台北廣字第000791號
郵資已付，免貼郵票

104台北市民生東路二段 141 號 2 樓

英屬蓋曼群島商家庭傳媒股份有限公司　城邦分公司

請沿虛線對摺，謝謝！

商周出版

書號： BX1082　　**書名：** 西藏正念書　　**編碼：**

請於此處用膠水黏貼

商周出版

讀者回函卡

感謝您購買我們出版的書籍！請費心填寫此回函卡，我們將不定期寄上城邦集團最新的出版訊息。

不定期好禮相贈！
立即加入：商周出版
Facebook 粉絲團

姓名：＿＿＿＿＿＿＿＿＿＿＿＿＿＿＿＿ 性別：☐男 ☐女

生日：西元＿＿＿＿＿＿年＿＿＿＿＿＿月＿＿＿＿＿＿日

地址：＿＿＿＿＿＿＿＿＿＿＿＿＿＿＿＿＿＿＿＿＿＿

聯絡電話：＿＿＿＿＿＿＿＿＿＿ 傳真：＿＿＿＿＿＿＿＿＿＿

E-mail：

學歷：☐ 1. 小學 ☐ 2. 國中 ☐ 3. 高中 ☐ 4. 大學 ☐ 5. 研究所以上

職業：☐ 1. 學生 ☐ 2. 軍公教 ☐ 3. 服務 ☐ 4. 金融 ☐ 5. 製造 ☐ 6. 資訊
☐ 7. 傳播 ☐ 8. 自由業 ☐ 9. 農漁牧 ☐ 10. 家管 ☐ 11. 退休
☐ 12. 其他＿＿＿＿＿＿＿＿＿＿＿＿＿＿＿＿

您從何種方式得知本書消息？

☐ 1. 書店 ☐ 2. 網路 ☐ 3. 報紙 ☐ 4. 雜誌 ☐ 5. 廣播 ☐ 6. 電視
☐ 7. 親友推薦 ☐ 8. 其他＿＿＿＿＿＿＿＿＿＿＿＿

您通常以何種方式購書？

☐ 1. 書店 ☐ 2. 網路 ☐ 3. 傳真訂購 ☐ 4. 郵局劃撥 ☐ 5. 其他＿＿＿＿

您喜歡閱讀那些類別的書籍？

☐ 1. 財經商業 ☐ 2. 自然科學 ☐ 3. 歷史 ☐ 4. 法律 ☐ 5. 文學
☐ 6. 休閒旅遊 ☐ 7. 小說 ☐ 8. 人物傳記 ☐ 9. 生活、勵志 ☐ 10. 其他

對我們的建議：＿＿＿＿＿＿＿＿＿＿＿＿＿＿＿＿＿＿＿＿
＿＿＿＿＿＿＿＿＿＿＿＿＿＿＿＿＿＿＿＿＿＿＿＿＿＿＿
＿＿＿＿＿＿＿＿＿＿＿＿＿＿＿＿＿＿＿＿＿＿＿＿＿＿＿

【為提供訂購、行銷、客戶管理或其他合於營業登記項目或章程所定業務之目的，城邦出版人集團（即英屬蓋曼群島商家庭傳媒（股）公司城邦分公司、城邦文化事業（股）公司），於本集團之營運期間及地區內，將以電郵、傳真、電話、簡訊、郵寄或其他公告方式利用您提供之資料（資料類別：C001、C002、C003、C011 等）。利用對象除本集團外，亦可能包括相關服務的協力機構。如您有依個資法第三條或其他需服務之處，得致電本公司客服中心電話 02-25007718 請求協助。相關資料如為非必要項目，不提供亦不影響您的權益。】

1.C001 辨識個人者：如消費者之姓名、地址、電話、電子郵件等資訊。
2.C002 辨識財務者：如信用卡或轉帳帳戶資訊。
3.C003 政府資料中之辨識者：如身分證字號或護照號碼（外國人）。
4.C011 個人描述：如性別、國籍、出生年月日。

請於此處用膠水黏貼